CHEMINS DE FER

PAR

M. MICHEL CHEVALIER,

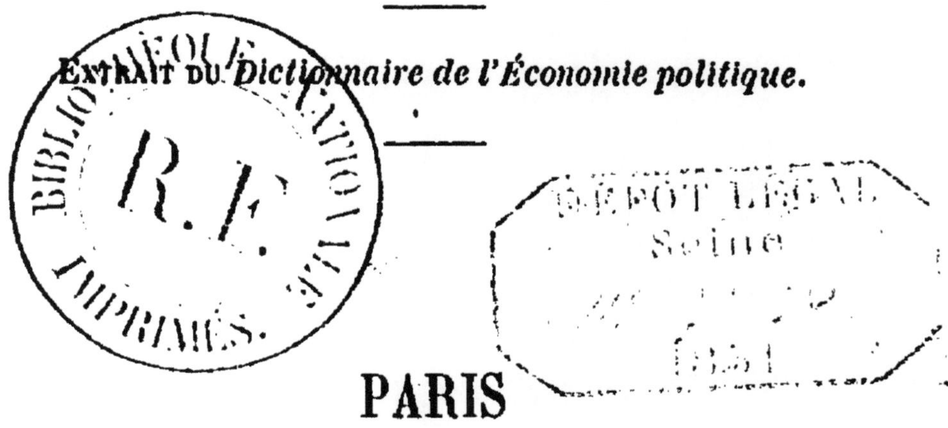

Extrait du Dictionnaire de l'Économie politique.

PARIS

LIBRAIRIE DE GUILLAUMIN ET Cⁱᵉ

Éditeurs du *Dictionnaire de l'Économie politique,*
de la *Collection des principaux Économistes,*
du *Journal des Économistes,* etc.

14, RUE DE RICHELIEU

1852

CHEMINS DE FER

---

§ I. DES CAUSES PHYSIQUES AUXQUELLES LES CHEMINS DE FER DOIVENT LEURS AVANTAGES, ET APERÇU GÉNÉRAL SUR CES AVANTAGES.

Ils peuvent se résumer en ces mots : les chemins de fer tendent à égaliser la condition des hommes dans chaque état, et ils poussent à l'union des nations, à l'unité de civilisation. — De l'utilité dont les chemins de fer peuvent être à la guerre.

Le chemin de fer est une invention moderne qui, au point de vue mécanique, offre deux avantages : 1° le frottement sur la surface unie d'un rail en fer placé dans une situation presque horizontale, y est substitué au frottement sur la surface raboteuse, plus ou moins inégale, et presque toujours sensiblement inclinée, d'une route ; 2° le service de la traction peut s'y accomplir et s'y accomplit en effet aujourd'hui, par le moyen d'une force, celle de la vapeur, qui est plus économique que celle des animaux, et à plus forte raison de l'homme lui-même, et que l'on peut porter à un degré d'énergie en deçà duquel il faudrait rester et de beaucoup, je ne dis pas seulement si l'on était réduit à employer pour moteur la force de l'homme, mais aussi en se servant des chevaux ou même des éléphants, là où ces fortes bêtes peuvent vivre.

Quant au premier point, essayons de nous faire approximativement une idée numérique de l'avantage qu'offrent les chemins de fer. Et d'abord évaluons la résistance à un déplacement quelconque, qui résulte de ce qu'on nomme, dans les traités de mécanique comme dans le langage ordinaire, le *frottement*. Sur une ligne parfaitement horizontale, le frottement des roues d'un wagon sur les rails est de 1/200ᵉ à 1/300ᵉ du poids du wagon. Ainsi, avec un convoi pesant brut 400 tonnes (la tonne est un poids de 1,000 kilog.), l'effort à faire pour surmonter ce premier obstacle du frottement sera représenté par la tension qu'imprimerait à une chaine un poids de 2,000 kilog. à 1,333 kilog. Il variera entre ces deux limites suivant que les rails seront tenus dans un état moindre ou meilleur de propreté, que les roues et leurs coussinets seront plus ou moins bien construits, bien graissés et aussi, d'après les observations de M. Minard, selon la vitesse. Sur une route pavée, le même obstacle du frottement, au lieu d'être de 1/200ᵉ à 1/300ᵉ du poids à trainer, est d'environ 1/30ᵉ ; soit, pour une file de chariots pesant avec leur chargement 400 tonnes, de 13,333 kilogrammes. C'est six fois et deux tiers plus fort qu'avec le chemin de fer dans l'hypothèse défavorable à celui-ci d'un frottement égal à 1/200ᵉ.

Au frottement des roues sur les rails s'ajoute le frottement de l'essieu sur les boites. C'est une résistance d'autant plus faible, que le rayon de la roue est plus grand par rapport à celui de l'essieu ; mais ceci est indépendant de la nature de la voie, chemin de fer ou route ordinaire.

Il y a ensuite la résistance due à la pesanteur, qui tire le convoi en arrière dès qu'il y a une pente à gravir, quelque faible qu'elle soit. Cette résistance est proportionnelle à l'angle que forment les rails avec la ligne horizontale. Sur une rampe d'un millimètre par mètre, la résistance due ainsi à la force de la gravitation est de 1/1000e du poids du wagon ; sur une rampe de cinq millimètres elle est cinq fois plus forte ou d'un demi pour 100, de sorte qu'il faut alors un effort de 2,000 kilog. pour tirer un convoi de 400 tonnes. Il en faudrait un de 4,000 si la rampe avait l'inclinaison de 1/100e. En un mot, l'effort qui était nécessaire pour commencer à entraîner le convoi sur un chemin de fer parfaitement en plaine est déjà doublé quand la pente est de 5/1000es, triplé quand elle est d'un pour 100. Ainsi l'effort à faire, par rapport à celui qui suffirait sur un plan horizontal, augmente très rapidement sur le chemin de fer, avec la pente.

Pour exprimer la même chose en d'autres termes : plus la pente augmente et plus s'amoindrit la supériorité du chemin de fer sur la route ordinaire, quant à la facilité de la traction. Ainsi, sur le plan horizontal, la proportion des forces requises sur les deux communications étant exprimée par le rapport 6 $\frac{67}{100}$: 1 ; sur une rampe de 5 millimètres, on a le rapport de 3 $\frac{83}{100}$ à 1 ; sur une rampe d'un centimètre, celui de 2 $\frac{80}{100}$: 1 ; sur une rampe de 2 centimètres, on n'a plus que celui de $2\frac{13}{100} : 1$.

Il y a là un argument péremptoire pour qu'on évite de donner aux chemins de fer des pentes bien sensibles ; on tâche de s'y tenir au-dessous d'un pour 100 et même d'une limite inférieure encore, excepté pour de très courts intervalles, où la vitesse acquise suffit à entraîner le convoi, et sauf quelques rares points où la disposition du sol le commande, et où alors on a recours à une machine supplémentaire, soit locomotive, soit même stationnaire lorsque la pente dépasse un certain point.

Au surplus, on a encore un autre motif pour viser à modérer les pentes sur les chemins de fer : au-delà d'un certain point l'on ne pourrait avoir de locomotive qui adhérât au rail, assez fortement pour empêcher le convoi de glisser en arrière sur les rampes ; c'est que, qu'on me passe cette·expression, les chemins de fer ont le défaut de leur qualité. Par cela même que le frottement qui s'oppose à l'avancement des convois y est faible, le *grippement*, sorte d'engrenage des aspérités des roues motrices (ce sont celles des roues de la locomotive qui remorquent le convoi, c'est-à-dire celles sur lesquelles agit la vapeur par l'intermédiaire du piston), avec les aspérités des rails, est nécessairement borné. L'adhérence est donc faible. La mécanique rationnelle et l'expérience démontrent que cette force d'adhésion est proportionnelle à la portion du poids de la locomotive qui repose sur les roues motrices. Admettons qu'elle soit du dixième de ce poids. On est ainsi limité extrémement dans le développement de la force applicable, dès que la pente devient un peu forte. Nous venons de voir que, avec l'inclinaison d'un demi pour cent, le frottement et la pesanteur qui retiennent le convoi représentent ensemble un poids de 4,000 kilog. Si le convoi est de 400 tonnes, il faudrait donc une locomotive du poids de 40,000 kilog. pour qu'il y ait une adhérence capable de maintenir le convoi en mouvement, dans la supposition impossible qu'on fit porter le poids tout entier de la machine sur les roues motrices. Or une locomotive de 40,000 kilog. enfoncerait le chemin de fer, et détruirait les rails. Que serait-ce donc avec des rampes de plus d'un demi pour cent? Tout ce qu'on peut faire est d'avoir des locomotives aussi pesantes que le permet l'état de la voie, et c'est ainsi que, de 4 à 5,000 kilog. que pesaient les premières, on est venu à 25,0C0 et 30,000. Puis, pour faire porter la majeure partie du poids de la locomotive sur les roues motrices, on a, par ce qu'on nomme le *couplement*, rendu la paire des roues motrices proprement dites solidaire avec une autre des paires de roues de la locomotive, et même avec les deux autres. Enfin on a eu recours à diverses dispositions, telles que de faire précéder toute rampe un peu rapide par une pente en sens contraire, ou tout au moins par un long espace de niveau, sur lequel la vitesse du convoi s'accélère, de manière à aborder la rampe avec une grande vitesse acquise. La détente variable qui permet de faire intervenir à volonté une grande quantité de vapeur, dans le but d'imprimer momentanément au convoi une grande vitesse, est encore un expédient avantageux. Toujours est-il cependant que ce sont là seulement des palliatifs, et que par la nature des choses les chemins de fer sont astreints à n'avoir en général que des pentes très modérées en comparaison des routes les plus douces.

La seconde des circonstances d'où les chemins de fer tirent leur mérite est, avons-nous dit, l'emploi de la vapeur. Plus encore que la substitution du fer à une surface empierrée, la vapeur a décidé le succès du chemin de fer. La force appliquée à un convoi peut être portée jusqu'à deux cents chevaux de vapeur, jusqu'à quatre cents si l'on attèle deux machines, ce qui représente à peu près le double en chevaux de chair et d'os, car la force d'un cheval de vapeur est définie ainsi : la puissance d'élever 75 kilogrammes à 1 mètre de hauteur par seconde, tandis que la force d'un cheval de chair et d'os est de 40 kilogrammes seulement portés à la même hauteur dans le même temps. Or quel moyen aurait-on d'atteler 400 ou 800 chevaux, ou seulement la moitié et le quart à un convoi? En supposant que le convoi fût fractionné, comment pourrait-on se procurer le fourrage nécessaire à ces bêtes? Il n'y a pas de chemin de fer notable dont le matériel en machines locomotives ne représente des myriades de chevaux de chair et d'os[1]. Et puis, avec des

[1] Il faut tenir compte aussi de ce que des chevaux de chair et d'os sont forcés de se reposer après un court trajet ; de sorte que, pour faire le même service qu'une locomotive, il faudrait avoir à l'écurie un très grand nombre de bêtes.

chevaux , comment dépasserait-on une vitesse
de 12 à 16 kilomètres à l'heure, et enfin que ne
coûterait pas, avec des chevaux, cette vitesse con-
stante de 12 à 16 kilomètres?

C'est donc de l'intervention de la vapeur que les
chemins de fer tirent leur importance extrême ;
c'est par elle principalement qu'il leur est donné
de jouer dans la politique, dans le commerce,
dans les relations sociales, un rôle dont la grandeur, déjà visible à tous les regards, devient chaque
jour plus manifeste. C'est par là que le chemin
de fer est un instrument du plus haut prix pour
l'exercice et le développement de la sociabilité
humaine dans ses divers aspects, un puissant
agent civilisateur. Si bien que le nom le plus juste
pour le chemin de fer serait celui de chemin à
vapeur.

Si on suppose qu'en France le réseau des chemins de fer soit achevé, les dépêches, les personnes, les marchandises, feront, sur le pied de 40
kilomètres à l'heure, le trajet qu'avant les chemins de fer on effectuait sur la base de 8 kilomètres ; c'est du moins la vitesse moyenne de nos
messageries et de celles du reste du continent. La
rapidité aura donc été accrue dans le rapport de
40 à 8 ou de 1 à 5. Par les chemins de fer donc,
la transmission des personnes et des marchandises
s'opèrera avec la même facilité, dans un pays qui
aura 500 kilomètres de long et 500 de large, qu'auparavant dans un autre qui n'aurait eu que 100 kilomètres dans les deux dimensions. Or la superficie
de ce second pays serait 25 fois moindre que celle du
premier. Aussi, pour les affaires administratives

et commerciales, pour les relations personnelles, les chemins de fer permettraient de multiplier par 25 la superficie des États, sans qu'il en résultât de retard. Par les chemins de fer, l'immense empire de Russie et la vaste république de l'Union américaine du Nord deviennent des États dont la dimension n'a plus rien d'exagéré. Si l'on mesure les distances par le temps nécessaire au parcours, Vienne, Berlin, Paris, Londres, Edimbourg, Madrid, Lisbonne, Milan, Naples, Venise, ne sont plus les unes des autres qu'à la distance où se trouvaient, il y a 2,000 ans, Athènes, Sparte, Argos, Thèbes, Corinthe. Un champ indéfini s'ouvre ainsi aux espérances des hommes qui aiment l'accord des nations et qui appellent de leurs vœux l'harmonie des intérêts parmi tous les peuples civilisés.

Les Anglais et les Américains ont un adage qui, à mon gré, est une des preuves de leur avancement : *Le temps est de l'argent*, disent les premiers ; *c'est l'étoffe dont la vie est faite,* disent les autres. Par les chemins de fer, cette pensée salutaire tend à se graver dans l'esprit et la conduite des hommes, et on est fondé à dire qu'ils allongent la vie. N'est-ce pas l'allonger en effet que de supprimer la majeure partie des pertes de temps que nos pères étaient obligés de subir dans toutes les transactions qui impliquent un déplacement des hommes ou des choses? Celui-là vit plus longtemps, qui, dans le même nombre de révolutions de la planète autour du soleil, accomplit plus de choses, passe par un plus grand nombre de sensations et d'idées. Un philosophe moderne a dit : *L'âge d'or qu'une aveugle tradition avait mis dans le passé est devant nous.* Si l'on admet que la longueur de l'existence soit un des caractères de l'âge d'or, les chemins de fer justifient cet aperçu profond. Par eux le commun des hommes atteindra une existence effectivement aussi longue que les 900 ans de Mathusalem.

Ils n'étendent pas moins la vie dans l'espace que dans le temps. Et en effet, par les chemins de fer, combinant leur action avec les paquebots modernes, c'est-à-dire toujours par la vapeur, il n'y aura plus aucune contrée qui ne soit à notre portée; c'est à peine s'il y en aura quelqu'une dont on puisse dire qu'elle soit éloignée. On va déjà de Paris à Washington dans le délai qui était nécessaire, il y a un siècle, sous Louis XV, pour se rendre de Paris à Marseille. Les Grandes Indes, dont on parlait sous François Ier comme d'une terre mystérieuse, inabordable, sont ou vont être à trois semaines de Londres. Les antipodes, ce terme extrême de l'éloignement sur la terre, seront, pour ainsi dire, à nos portes; on pourra y aller en un mois. L'Européen aura une propriété dans la Nouvelle-Zélande ou l'Australie aussi naturellement qu'un seigneur de la cour de France avait, il y a 200 ans, une terre en Provence ou un baron anglais un château en Écosse. Deux amis, en se séparant à Paris, se donneront rendez-vous à Calcutta ou à Mexico, sans que cela paraisse extraordinaire. Pour sa santé, on ira prendre les eaux indifféremment à Tœplitz ou à Saratoga. De Rome à Edimbourg, on voisinera. Le même bourgeois qui, dans sa fatuité, voulait *avoir des pages,* comme les grands du temps de La Fontaine, répétera le regret d'Alexandre le Grand, que la terre soit trop petite.

Mais le sage pensera qu'au lieu d'avoir été rapetissée et ravalée, notre planète aura été fécondée. Les biens qu'elle rend quand l'homme l'arrose de ses sueurs pourront, en quelque lieu qu'ils aient été produits, se répandre sur tous les membres de la famille humaine, quelque lieu qu'ils habitent. Déjà, en tournant à profit la force des vents, l'homme a pu arriver à ce beau résultat que des denrées d'une conservation facile, comme le coton, le sucre, le blé peuvent se transmettre à très bas prix d'un continent à l'autre, au travers des océans les plus redoutés autrefois. Cet avantage sera étendu à des objets plus périssables, et les isthmes, les montagnes et l'épaisseur des continents n'arrêteront plus le commerce. Au lieu d'être renfermées dans les ports d'arrivage, les marchandises délicates pourront pénétrer à peu de frais et en masse dans le massif des terres. En ce moment les ports anglais reçoivent, par les paquebots à vapeur, des ananas des Antilles, et les chemins de fer distribuent aussitôt ces fruits délicieux dans le pays tout entier à un prix qui est relativement vil. Ce fait exceptionnel encore deviendra usuel. Chez nous, par la malle-poste, on transportait du raisin de Montauban à Paris; ce ne seront plus quelques paniers qu'on voiturera ainsi à grand renfort de précautions pour l'usage d'un tout petit nombre de riches; ce seront des récoltes en masse qui, de la Provence, ou du bas Languedoc, ou du Roussillon, viendront s'étaler sur le marché de Paris. Des montagnes de fruits et de légumes, primeurs pour le Parisien et l'homme du Nord, franchiront le même intervalle. Mais que parlé-je de la Provence et du Roussillon? Ce sera l'Algérie, ce sera l'Andalousie, l'Egypte même, qui quelque jour approvisionneront les tables des Parisiens, celles des Belges, des Hollandais, des Anglais, que sais-je? celles des Berlinois, des Moscovites peut-être.

Le chemin de fer, ou, pour parler plus générale-ment, la vapeur, dont il est la plus surprenante application, est, dans l'économie intérieure des sociétés et dans celle du monde, l'agent efficace d'une double révolution vers laquelle la pente de l'histoire, ou, pour mieux parler, l'irrésistible génie qu'a mis en nous la Providence, nous mène depuis l'origine des temps. Premièrement, dans l'intérieur de chaque État, la condition des hommes tend à s'égaliser. Secondement, entre les Etats et les races les dissentiments s'effa-cent, les hostilités s'apaisent, les intérêts s'har-monisent. Ce double mouvement est l'effet d'une cause unique, la puissance qu'acquiert journelle-ment le sentiment de la fraternité parmi les hom-mes, et puis il réagit sur cette fraternité pour la renforcer. Or, ici, comment se présente le che-min de fer?

Autrefois, quand un seigneur voyageait, il était avec sa suite à cheval, en grand appareil de force. L'artisan qui se déplaçait cheminait à pied au mi-lieu des fondrières ou par les sentiers escarpés, tout seul, quand il n'avait pu trouver quelques-uns de ses pareils qui eussent par hasard la même route à faire. Plus tard, le même seigneur et l'homme opulent du tiers état, qui s'était à beaucoup d'égards assimilé à lui, allaient en poste. Le paysan ou le compagnon continuait d'aller à pied, ou tout au plus il s'élevait à la patache. Aujourd'hui, tous vont sur le chemin de fer par le même convoi, dans des voitures qui se tiennent. Le petit bourgeois est souvent dans le même compartiment que le duc et pair, là où il subsiste encore des ducs et pairs. Personne n'éclabousse son voisin. Tout le monde obéit docilement au conducteur du convoi ; nul n'a d'ordre à lui donner. Là aussi le droit commun s'est substitué au privilége.

Quant à l'action que le chemin de fer exerce en faveur de la sympathie réciproque des nations, de la fusion des races, j'en ai déjà dit rapidement quelque chose. Les peuples ne se sont tant haïs que parce qu'ils ne se connaissaient pas. Leur donner la faculté de se voir, c'est leur apprendre à s'aimer et à s'apprécier les uns les autres. Poussé par le sentiment qui porte l'homme à améliorer son sort, chaque peuple tend à emprunter aux autres les usages qui lui paraissent meilleurs que les siens, les idées qui sont plus avancées que celles qu'il professe. On conçoit sans peine à quel point les relations que nouent les chemins de fer favorisent ces changements successifs. Le commerce, par les échanges de produits qu'il opère, unit les nations les unes aux autres. Les chemins de fer provoquent, avec une énergie extrême, les échanges commerciaux. Ils en donnent le moyen par les facilités qu'ils apportent au transport, et, par la connaissance qu'ils procurent à chaque peuple des productions des autres, ils font désirer celles-ci de plus en plus. L'ancien système de politique commerciale, qui est fondé sur une pensée d'isolement, n'a pas de plus grand ennemi que les chemins de fer. Le caractère vexatoire, attentatoire à la morale publique (par les visites à *corps*) que ce système imprime à la douane, le préjudice qu'il cause à la richesse publique, l'impossibilité de le concilier avec la liberté du travail et de l'industrie et avec l'équité, lui avaient déjà suscité bien des ennemis. Parmi les penseurs il était condamné depuis longtemps. Le chemin de fer vient pour lui donner un dernier coup de massue.

Il n'est pas jusqu'à la guerre à qui le chemin de fer ne présente des facilités. Le chemin de fer tend certainement à diminuer les chances de la guerre; mais, la guerre une fois déclarée, il doit en rendre les mouvements beaucoup plus prompts, les coups plus décisifs. Avec une seule des fortes locomotives qu'on fait en ce moment, on peut transporter un régiment d'infanterie tout entier. La cavalerie exigera plus d'appareils; mais déjà les chemins de fer se chargent des chevaux, et ils effectuent le transport des bœufs sur une grande échelle; en cas de besoin, il serait possible de transformer les wagons à bœufs en wagons à chevaux. L'artillerie ne serait pas un plus grand embarras. On peut calculer que pour un corps d'armée qui serait composé de 20,000 hommes d'infanterie, 5,000 de cavalerie et de 10 batteries (60 pièces) d'artillerie, il faudrait, y compris les bagages, 1,600 wagons[1];

[1] Savoir, un wagon pour 40 hommes d'infanterie ou

avec 75 ou 80 locomotives tout cela pourrait se déplacer au même moment. Or toute grande compagnie possède bien 80 locomotives et 1,600 wagons. La puissante compagnie anglaise du Nord-Ouest (Londres à Birmingham, Liverpool et Manchester) possédait, à la fin de 1847, 457 locomotives. Il est vrai que le développement total qu'elle desservait ne faisait pas moins de 1,030 kilomètres. A la même époque, sur l'ensemble des chemins de fer anglais, qui formaient alors un développement d'environ 8,000 kilomètres, le nombre des locomotives pouvait être de 2,000 environ. Le total des véhicules de la compagnie anglaise du Nord-Ouest montait à 1,626 voitures pour les voyageurs, 6,236 chars de toute espèce pour les marchandises. En France, la compagnie du Nord possède 239 locomotives, 650 voitures pour les voyageurs, 3,306 wagons pour les marchandises aujourd'hui.

Mais ne mêlons pas trop les chemins de fer et la guerre. Les chemins de fer se recommandent surtout comme des auxiliaires de la paix. Ils l'affermissent, ils dissipent les préjugés et les haines qui la compromettent, ils suscitent des intérêts qui ne peuvent s'en passer. Quant à la guerre même, s'ils sont appelés à y jouer un rôle, c'est principalement pour l'abréger.

40 cavaliers démontés, ou pour 6 chevaux; un vagon pour une pièce d'artillerie du calibre de 8 et ses munitions. Il resterait pour les bagages 82 vagons.

§ II. ÉTENDUE ET GRANDEUR DES ENTREPRISES DES CHEMINS DE FER.

Capitaux qu'ils ont absorbés; recettes brutes qu'ils font.

Les avantages des chemins de fer une fois constatés par la petite ligne ouverte entre Manchester et Liverpool [1], les hommes intelligents s'en préoccupèrent beaucoup. L'ébranlement causé au même moment par la révolution française de 1830, qui éclata quelques semaines avant l'inauguration du chemin de fer de Manchester à Liverpool, empêcha les capitaux de s'y porter aussitôt ; mais, après quelques années, il s'en entreprit une grande quantité en Angleterre, aux États-Unis et sur le continent européen. La race anglo-saxonne des deux hémisphères, meilleure appréciatrice de ce que vaut le temps, s'y adonna avec un zèle particulier. La somme que les Anglais ont spontanément, et toujours par l'esprit d'association volontaire, dépensée pour l'exécution des chemins de fer, est en ce moment de 6 milliards. Ils en ont 10,500 kilomètres. Les États-Unis, qui ont moins de capitaux, y ont consacré 1 milliard et demi ; mais ils ont tiré un excellent parti de cette dépense, relativement modérée ; ils possèdent un développement de chemins de fer supérieur même

[1] L'inauguration du chemin de fer de Manchester à Liverpool est du mois de septembre 1830 (la loi qui l'autorisait est du mois de mai 1826). Les lois qui ont autorisé les autres chemins de fer anglais ne datent à peu près toutes que de 1833 au plus tôt.

à celui des Anglais, 12,000 kilomètres au moins, sans compter ce qui est commencé et s'achève chaque jour. Les Allemands ont un peu dépassé la somme mise par les États-Unis en chemins de fer. En France, nous n'avons guère excédé 1,200 millions. Et de plus nous n'avons pas procédé en cette affaire avec le bon sens désirable. Pour nos 1,200 millions, nous n'avons que 3,600 kilomètres environ de chemins de fer; les Allemands, pour leurs 1,500 millions, en ont de 7 à 8,000.

On peut comparer le zèle et l'ardeur que déploient aujourd'hui les nations civilisées pour l'établissement des chemins de fer avec ce qui se passait, il y a quelques siècles, pour l'érection des églises. Cette comparaison avec le sentiment religieux n'a rien dont on puisse s'offusquer. Si, comme on l'assure, le mot de religion vient de *religare* (relier, unir, rapprocher), les chemins de fer ont plus de rapports qu'on ne le pense avec l'esprit religieux. Jamais il n'exista un instrument d'autant de puissance pour rapprocher matériellement les populations, unir les diverses parties d'un même empire, et relier les peuples épars.

Les chemins de fer ont donné lieu, de la part de l'industrie privée, à des entreprises colossales, inouïes. Jamais on n'avait vu de compagnies industrielles pourvues d'un pareil capital. La compagnie du Nord-Ouest, la plus considérable des compagnies anglaises de chemins de fer, qui s'est constituée par la réunion de plusieurs autres, avait dépensé, tant sur la ligne principale que sur les embranchements, pour l'exécution des travaux et pour l'acquisition du matériel, au 1ᵉʳ janvier 1850, 459 millions de francs, répandus sur 688 kilomètres. Elle s'est procuré, par l'emprunt, une notable partie de cette somme. La compagnie du Sud-Ouest avait réuni de même, au 30 juin 1849, une somme de 201,705,000 fr., dont 154,874,000 fr. par les actionnaires et 46,831,000 par l'emprunt. Celle du Great-Western avait, à la même date, dépensé en constructions et matériel, 297,850,000 fr., dont 194,381,000 fr. fournis par les actionnaires, 103,469,000 fr. par l'emprunt.

Les compagnies de chemins de fer du continent n'ont pas réuni d'aussi grandes masses de fonds, ni celles des États-Unis. Cependant on peut citer la compagnie française du Nord qui a rassemblé 160 millions, tous versés par les actionnaires. La compagnie de Strasbourg aura eu à fournir 125 millions, dont plus des 5/6ᵉˢ sont versés en ce moment. La compagnie du chemin de fer de Lyon, qui liquida à la suite de la révolution de février, aurait dû avoir jusqu'à 300 millions. En France, en Allemagne, en Amérique, on pourrait citer beaucoup de compagnies de chemins de fer qui ont engagé un capital de plus de 50 millions. Aux États-Unis, la compagnie de Baltimore à l'Ohio dépassera 75 ou 80 millions.

Les recettes annuelles des compagnies, les recettes brutes, sont plus ou moins en raison de l'importance de ces capitaux. La compagnie du Nord-Ouest en Angleterre reçoit 54 millions de francs ; c'est à peu près le budget de la ville de Paris qui a tant de charges et accomplit tant de choses. C'est autant que le budget réuni des deux royaumes de la presqu'île scandinave. D'autres compagnies reçoivent de 20 à 25 millions. La compagnie française du chemin de fer du Nord aura vraisemblablement reçu, en 1851, environ 26 millions.

Quant au revenu net, on calcule communément que sur les lignes bien exploitées et passablement situées il est de plus de moitié du revenu brut, de 55 pour 100 et même de plus. Sur les très bonnes lignes il est de 60, 65, 67. Sur certains chemins de fer de l'Angleterre, la recette brute dépasse 100,000 fr. et va jusque 120,000 fr. par kilomètre. En 1842, le chemin de Londres à Birmingham rendait 113,000 fr.; celui de Manchester à Liverpool est allé à 116,000. En France, une recette de 50,000 fr. est regardée comme très belle; on ne la dépasse que sur quelques artères principales, comme celle d'Orléans, celle de Rouen, celle du Nord sans les embranchements. Le chemin d'Orléans produit 75,000 fr. Les chemins de fer belges donnent 20,000 fr. Le tarif, on le conçoit, exerce une influence notable sur ces résultats.

Le système d'exploitation universellement adopté pour les chemins de fer a le caractère d'une forte centralisation. On avait d'abord voulu laisser aux entrepreneurs de transports la liberté du parcours, comme elle existe sur les canaux où l'industrie de la batellerie est absolument libre; mais il a fallu y renoncer, c'eût été la cause d'accidents sans fin et d'une grande perte de temps. L'administration du chemin de fer se charge elle-même des transports; elle perçoit ainsi, non-seulement le péage qui, sur les canaux, est la seule rétribution que reçoive l'administration de l'entreprise, mais aussi le fret qui, sur les canaux, est payé aux bateliers.

Par le même besoin de centralisation et d'unité dans les pays où les grandes lignes de chemins de fer avaient été morcelées entre plusieurs compagnies, celles-ci ont été amenées à se fusionner complétement. Indépendamment de la fusion complète, un accord moins intime s'est établi souvent entre des compagnies qui s'embranchaient les unes sur les autres. Il a été convenu que chacune d'elles pourrait prolonger le voyage de ses convois sur les lignes des autres, à la condition d'une rétribution qui est modérée et qui est réciproque. De là, en Angleterre, entre les compagnies, une vaste comptabilité qui se tient au moyen de l'établissement qu'on nomme la maison de liquidation des chemins de fer (*Railway Clearing-House*); de cette manière on évite des transbordements et des délais qui seraient onéreux au public. On conçoit que cet emprunt fait, par chaque compagnie, des autres lignes, suppose des règlements minutieusement tracés et religieusement observés.

Ces formes diverses que revêt le principe d'unité dans l'exploitation des chemins de fer n'empêchent pas la division du travail et la spécialité des industries. Ainsi des entrepreneurs constructeurs de machines et de voitures se chargent, d'après un tarif donné, du service de la traction sur les chemins de fer. C'est un grand souci de moins pour l'administration de chaque ligne et une sécurité de plus pour le public. Ce système est fréquemment usité en Angleterre. Il commence à s'étendre en France, où la maison Buddicom, du Havre, en a donné l'exemple par son marché avec la compagnie de Rouen. Une variante de cette combinaison, qui se pratique aussi avec succès, consiste en ce qu'une grande compagnie effectue le service de la traction sur les lignes moindres qui s'embranchent sur elle.

§ III. Économie que les chemins de fer procurent a la société.

Comment ils profitent et doivent de plus en plus profiter particulièrement au grand nombre.— Service des voyageurs et service des marchandises.

Les chemins de fer avaient été conçus principalement pour le service des marchandises. C'est à cette seule fin qu'avait été entrepris le chemin de Manchester à Liverpool. En France, le chemin de fer de Saint-Étienne à Lyon, qui est de la même époque, et qui est l'œuvre d'une famille à laquelle l'industrie française doit beaucoup, celle des frères Séguin[1], avait été projeté dans le même but exclusivement ; si bien que dans la loi qui l'autorise et dans le cahier des charges y annexé il n'est pas fait mention du service des voyageurs, quoique

[1] Un des frères Séguin avait imaginé le premier, pour la navigation il est vrai, la chaudière tubulaire, qui seule a permis de donner de la puissance à la locomotive.

actuellement il en transporte 600,000. Après l'éclatant succès de la machine locomotive de George Stephenson, sur la ligne de Manchester à Liverpool, il se fit, en Europe du moins, un singulier revirement dans les esprits. On ne les envisagea plus que comme des appareils destinés au transport des personnes. Les premières locomotives, il faut le dire, étaient d'une puissance fort médiocre, et par conséquent hors d'état de traîner de lourds fardeaux. Les Américains pourtant, dans ce temps-là, s'occupaient des chemins de fer comme d'un moyen de transporter les marchandises. C'est ainsi que l'État de Pensylvanie qui avait entrepris, à l'image de celui de New-York, d'ouvrir une ligne de communication perfectionnée, spécialement destinée aux marchandises, entre Philadelphie, sa métropole, et la vallée centrale, située de l'autre côté des monts Alleghanys, qu'arrosent le Mississipi et l'Ohio, avait décidé qu'elle se composerait de tronçons successifs de canaux reliés par deux chemins de fer, l'un de Philadelphie à Columbia, dans la vallée de la Susquehannah (*Columbia Railroad*), l'autre franchissant la crête des Alleghanys (*Portage Railroad*). L'État de Maryland faisait plus, c'est un chemin de fer continu qu'il autorisait et qu'il encourageait de ses deniers, entre Baltimore, sa ville principale, et les bords de l'Ohio. La législature de la Pensylvanie décréta le chemin de fer de Columbia en décembre 1827, et elle mit celui du Portage à l'étude un an après. Le chemin de fer de Baltimore à l'Ohio occupait vivement les habitants du Maryland et surtout ceux de sa métropole dès le commencement de 1827, et les travaux y commencèrent en 1828, le 4 juillet, date qui est célèbre dans l'histoire politique des États-Unis, car c'est celle de leur déclaration d'indépendance, et qui a reçu un nouveau lustre par le soin qu'ont pris la plupart des États et des grandes compagnies de travaux publics de donner ce jour-là leur premier coup de pioche.

Mise au jour depuis l'époque dont je viens de parler, la locomotive s'est rapidement perfectionnée et fortifiée. C'est un puissant appareil. L'adhérence considérable sur les rails, que lui procure le poids auquel on l'a successivement portée, au moyen de quelques dispositions mécaniques, parmi lesquelles nous avons signalé le *couplement* des roues, lui permet de tirer après elle les plus lourds fardeaux, pourvu que la pente soit fort douce. Après avoir fait des merveilles pour le transport des personnes, avoir multiplié le nombre des voyageurs de la façon la plus surprenante, les chemins de fer font aussi des prodiges pour le transport des marchandises : ils se chargent des plus pondéreuses, même de la houille avec avantage. Nous aurons indiqué suffisamment ce dont ils sont capables en ce genre, en disant que l'on construit maintenant des locomotives en état de traîner 500 tonnes (500,000 kilogram.) de charbon, pourvu que le chemin à parcourir ait des pentes très douces.

La concurrence s'établit donc entre les chemins de fer et les canaux pour le transport des marchandises. Les chemins de fer enlevèrent sans peine tout ce qui avait une valeur un peu élevée, tout ce qui réclamait de la rapidité. Dans cette lutte, chacune des parties se présentait avec ses avantages particuliers. Les chemins de fer, outre la rapidité, ont pour eux plus de ponctualité. La gelée ne les paralyse pas, tandis qu'elle suspend la navigation sur les canaux, dans les pays du moins où l'hiver est rigoureux et long. C'est le cas, pour plusieurs mois, aux États-Unis, dans les États du Nord, et même dans une partie de ceux du Sud, comme la Virginie. Les chemins de fer transportant beaucoup de voyageurs et en retirant un revenu peuvent, par un artifice de comptabilité, mettre à la charge de ce service une partie de leurs frais généraux, et par conséquent se contenter relativement aux marchandises de peu de chose au-delà des frais de traction. Et ceux-ci, quand les convois de marchandises sont complets, sont très modérés dans le cas de pentes faibles. Si le chemin de fer offrait fréquemment des pentes un peu fortes, je veux dire dépassant fréquemment et pour de longs intervalles 6 ou 7 millimètres par mètre, la puissance de traction des locomotives serait diminuée en proportion, et les frais augmenteraient d'autant. De même, si l'on ne pouvait se procurer des chargements complets, les frais de traction deviendraient plus considérables en proportion.

Les avantages des canaux sont d'exiger une somme moindre pour premier établissement, au moins dans quelques pays comme l'Angleterre et la France, et, en se basant sur le système adopté pour la construction des chemins de fer dans ces deux pays, d'exiger peu d'entretien, d'avoir peu de frais généraux. Un batelier y trouve plus aisément son chargement, parce qu'il lui suffit de moins que la masse dont je parlais tout à l'heure pour les grands convois des chemins de fer, ou, s'il attend d'être chargé, le capital qui sommeille est fort borné.

Un désavantage très notable des canaux consiste dans le chômage qu'éprouve la navigation tous les ans pour le curage, indépendamment de celui qui est nécessité par la gelée. Sur les canaux de l'État en France, la durée en est de trois mois au moins [1]; mais c'est excessif. Sur le canal du Midi, on ne fait de chômage que tous les deux ans, et on le réduit à six semaines. Il paraît même que récemment on est parvenu à ne chômer qu'une fois tous les trois ans.

Enfin il ne faut pas omettre l'excès de parcours auquel on est obligé sur les canaux et sur les voies d'eau en général, parce que, dans la plupart des cas, celles-ci, tant artificielles que naturelles, sont sinueuses. De Lyon à Strasbourg, la navigation a 537 kilomètres contre 510 de chemins de fer, et de Bordeaux à Beaucaire c'est de 586 contre 631 ; mais les cas où la voie d'eau n'a ainsi que 5 à 8 pour 100 d'allongement sont rares : de Paris au Havre, c'est 362 kilomètres contre 231 ; de Paris à Dunkerque, 457 contre 332 ; de Paris à Orléans, 217 contre 121. La moyenne de dix lignes importantes que cite M. Teisserenc pour la France donne un surplus de 28 pour 100 [2]. Mais n'insistons pas davantage ici sur la compa-

---

[1] Deux mois sur le canal du Rhône au Rhin, quatre sur les canaux du Berry et du Blavet.

[2] *Études sur les voies de communication*, page 322.

raison entre les chemins de fer et les canaux; nous y reviendrons plus bas.

Les chemins de fer sont donc parvenus à s'impatroniser dans le transport des marchandises, au détriment des canaux, comme à celui des diligences et du roulage; ainsi le chemin de Londres à Birmingham avec les embranchements qui lui étaient propres alors transportait dès 1843 une quantité de marchandises dont la circulation effective représentait 105,850 tonnes pour le parcours entier (193 kilomètres), sans compter les articles de messagerie, les voitures, la poste, les chevaux, le bétail. En 1846, aménagé avec plus d'intelligence, il avait un transport équivalent à 247,372 tonnes sur le parcours entier (278 kilomètres). En 1848, la compagnie du Great-Western avait une circulation équivalente à 95,175 tonnes pour le développement entier de la ligne mère et des embranchements (427 kilomètres). Sur les chemins français, sur les chemins de fer belges, sur ceux de l'Allemagne et de l'Amérique, on remarque des effets semblables. Je laisse de côté certaines lignes spécialement affectées au transport des charbons; sur celles-ci le transport des marchandises dépasse de beaucoup ce que nous venons d'indiquer.

Cependant ordinairement la plus grosse part du revenu des chemins de fer est encore dérivée des voyageurs. La compagnie anglaise du Nord-Ouest a obtenu, en 1849, une recette de 53,905,000 fr., sur quoi les voyageurs ont contribué pour 29,865,000 fr., soit plus de 55 pour 100. En 1847, c'était de 31,823,000 fr.

sur 52,509,000 fr., soit de 61 pour 100. La compagnie du Great-Western a reçu, en 1849, 24,942,000 fr. dont 16,498,000 fr. provenant des voyageurs : c'est 66 pour 100. En 1847, c'était au-delà de 68 ; en 1845, de près de 70. Les lignes françaises offrent des proportions un peu plus favorables au service des marchandises ; ainsi, en 1848, sur le chemin de fer du Nord, les voyageurs ont donné une fraction au-delà de 49 pour 100 de la recette totale, et, avec leur surplus de bagage, tout près de 51. Sur le chemin de fer de Rouen, avec le supplément de bagage, 49 pour 100, sans ce supplément, près de 47 ; sur le chemin d'Orléans 48 pour 100 sans le surplus de bagage, et près de 54 avec ce surplus En somme, sur les chemins de fer français jusqu'à ce moment, le service des voyageurs et celui des marchandises entrent à peu près pour moitié chacun dans les produits. Je lis sur le compte rendu de la compagnie du Nord pour 1850 que, sur 23,694,894 fr. de recette, les voyageurs avec leur bagage ont donné 12,400,933 fr. ; mais la compagnie du Nord doit prochainement transporter une grande quantité de houille, ce qui accroîtra les produits du service des marchandises.

L'accroissement relatif de la portion du revenu qui provient des marchandises est un phénomène général. Je trouve dans l'*Économie des chemins de fer* du docteur Lardner [1] un tableau qui le met en évidence. Pendant l'exercice clos au 30 juin 1843, la recette quotidienne moyenne des che-

---

mins de fer du royaume-uni a été par mille (1609 mètres) de 115 fr. pour les voyageurs, de 52 fr. 50 c. pour les marchandises ; en centièmes du total, c'était pour les voyageurs 69 et pour les marchandises 31. Graduellement le contingent des marchandises s'accroît, et pendant le semestre terminé au 31 décembre 1848 la recette moyenne est, pour les voyageurs, de 87 fr. 50 c., pour les marchandises, de 65 fr., sommes qui sont dans la proportion de 57 à 43.

Sans trop vouloir faire parler les chiffres, on peut remarquer que les recettes relatives aux voyageurs et aux marchandises indiquent assez bien un fait qui est positif, à savoir que jusqu'à ce jour les chemins de fer avaient introduit plus de changement dans le mouvement des personnes que dans celui des choses. Je ne fais pas seulement allusion à ceci, que la rapidité du déplacement importe encore plus pour les hommes que pour les choses ; j'ai en vue aussi la diminution des frais de déplacement.

Avant les chemins de fer on pouvait estimer le prix des places dans les voitures publiques comme il suit, par kilomètre :

En France, 12 centimes et demi dans le compartiment des diligences appelé l'intérieur, dans le coupé 2 ou 3 centimes de plus, dans la rotonde ou sur la banquette 2 à 3 centimes de moins. Sur le reste du continent c'était à peu près comme en France. En Angleterre, dans l'intérieur c'était de 30 à 35 centimes ; à l'extérieur, place que les Anglais prennent beaucoup plus volontiers que les continentaux, et qui est celle de la majorité des voyageurs même aisés, de 15 à 18 centimes.

Sur les chemins de fer on paye, en France, aux troisièmes places, qui sont les plus fréquentées, 5 centimes ou 5 centimes et demi ; aux secondes, 7 centimes et demi ; aux premières, 10 centimes, non compris, il est vrai, l'impôt, mais celui-ci est extrêmement modique. Ces prix sont ceux qu'a stipulés le législateur dans le cahier des charges imposé aux compagnies ; les compagnies les ont maintenus à peu près toutes, pour le service courant.

En Allemagne, les prix des places sont à peu près les mêmes qu'en France.

Conformément à l'usage, le parlement, laissant une grande latitude à l'esprit d'entreprise, n'avait assigné aux compagnies de chemins de fer que des maxima élevés. Pour les trois compagnies de Londres à Birmingham, de Grande-Jonction (Birmingham à Newton, sur le chemin de Liverpool à Manchester), et du Great-Western (Londres à Bristol), le maximum légal pour les voyageurs, sans distinction, est de 23 centimes par kilom. ; sur quelques autres lignes c'est de 19 cent. A l'origine, les compagnies demandèrent à peu près le maximum légal aux voyageurs de la première classe ; elles trouvèrent même le moyen de le dépasser. Elles eurent une seconde classe, dont les voitures étaient moins commodes, et où l'on payait, selon les chemins, 17 cent., 14, 12, et sur quelques rares lignes 10 cent. Quant aux gens pauvres ou peu aisés, elles firent comme si cette partie du public n'existait pas. Plusieurs des principales furent quelque temps sans avoir de voitures de troisième classe, et quand elles en eurent, elles soumirent ceux qui les prenaient à toute sorte d'incommodités. La polémique des journaux les plus accrédités de l'Angleterre contre plusieurs compagnies de chemins de fer, et notamment contre le Great-Western, a établi que les voitures de la troisième classe n'avaient qu'un très petit nombre de départs par jour, deux par exemple ; que ces départs étaient fixés aux heures les plus incommodes ; que la marche en était comparativement très lente et interrompue par des arrêts de plusieurs heures, c'étaient des convois de marchandises peu accélérés ; que ces voitures étaient placées sans intermédiaire après le tender de la locomotive, de manière à recevoir la cendre et les étincelles ; que les voyageurs de cette catégorie subissaient, en outre, toute espèce d'avanies : qu'ainsi défense était faite aux employés de porter leurs bagages. En agissant de cette manière on se proposait pour but d'empêcher les gens aisés de prendre par économie des billets de troisième.

Dans ce système, les compagnies anglaises de chemins de fer, usant de leur droit rigoureux, n'offraient aux classes riches que le bénéfice de la vitesse, qui est fort apprécié de ces classes dans ce pays, je le répète ; quant aux classes pauvres, au grand nombre, on ne s'en occupait pas. On pensait qu'on aurait plus de profit et moins de peine en se bornant à la clientèle des personnes aisées.

Ce régime était trop contraire à l'esprit du siècle pour qu'il fût possible de le soutenir indéfiniment, et même pour qu'il fût ou demeurât conforme à l'intérêt bien entendu des compagnies. Dans un temps où le grand nombre s'efforce de parvenir à l'aisance par le travail, la meilleure clientèle est celle du grand nombre. Les compagnies de chemins de fer ne tardèrent pas beaucoup à s'en apercevoir. La concurrence leur ouvrit les yeux. Ce fut d'abord celle des diligences qui baissèrent leurs prix, et disputèrent les voyageurs avec un certain succès; ce fut plus tard la concurrence de lignes rivales. L'exemple de quelques compagnies, telles que celle de Glasgow à Greenock, celle de Dublin à Kingstown, qui augmentèrent non-seulement leurs recettes mais leur revenu net en diminuant leurs prix, servit aussi de leçon aux autres.

Le parlement lui-même, ému de ce qui s'était passé, ordonna en 1845 qu'il y aurait sur tous les chemins de fer des troisièmes places à 6 cent. 4/10 par kilomètre. Les compagnies, cédant aux circonstances, ont pris cette loi en bonne part, et l'ont exécutée loyalement, au lieu de chercher à l'éluder, ce qui ne leur eût pas été impossible.

Les compagnies anglaises ont donc beaucoup modifié les bases qu'elles avaient primitivement adoptées. On a été plus accommodant et plus humain pour les voyageurs de la troisième classe; non-seulement on les a transportés à bas prix, mais on les a mieux traités, on les a admis dans un plus grand nombre de convois. La compagnie du Nord-Ouest, une de celles qui se sont le plus tôt rendues à l'évidence, a réduit ses prix à 0 fr. 138 par kilom. pour les premières, 0 fr. 108 pour les secondes, 0 fr. 064 pour les troisièmes. La compagnie du Great-Western a fini par céder : en 1849 elle ne prenait plus que 0 fr. 176 aux premières, 0 fr. 121 aux deuxièmes, 0 fr. 064 aux troisièmes, et depuis elle est entrée plus avant dans cette voie. En même temps on a amélioré le service, on a diminué les frais d'exploitation, on a augmenté la vitesse en créant des convois spéciaux qui portent le nom d'*express trains*. Ces convois [1] font de 55 à 70 kilom. par heure, temps d'arrêt compris. Les convois ordinaires ont encore une vitesse de 40 kilom. En France, les convois rapides dépassent peu 40 kilom., temps d'arrêt compris. Sur la ligne du Nord ils vont de Paris à Calais avec la vitesse des convois *express* d'Angleterre. Les autres convois des lignes françaises font de 30 à 32 kilom. En Belgique la vitesse habituelle est de 29 kilom. Aux États-Unis elle est de 25 ; mais il est des lignes où elle est plus grande ; de même en Belgique, sur la ligne de Bruxelles à Paris, on fait 40 kilom.

Au sujet de cette vitesse il faut remarquer qu'elle est subordonnée jusqu'à un certain point au mode de construction du chemin ; pour comporter une grande vitesse, un chemin doit avoir une voie très solide ; il y faut aussi que l'ensemble des pentes soit modéré, que l'ensemble des courbes n'ait pas un rayon trop court. La vitesse est aussi en rapport avec la dépense qu'on veut supporter. Une

---

[1] Ils datent de 1845 ; auparavant, les convois les plus rapides étaient ceux de la malle (*mail trains*).

grande vitesse exige beaucoup plus de force, use beaucoup plus le matériel, dégrade davantage la voie ; elle réclame aussi plus de surveillance.

Mais revenons au prix des places.

La Belgique est le pays où les chemins de fer sont mis au plus bas prix à la disposition des voyageurs. Après quelques oscillations en sens contraires, les places y ont été mises à 7 1/2, 5 1/2 et 3 centimes 1/2 pour les premières, les secondes et les troisièmes. C'est l'Etat qui a construit le réseau belge et qui l'administre.

Aux États-Unis où sous l'influence de l'esprit démocratique on ne connaît qu'une sorte de places, les voyages sont en général à peu près aussi chers par les chemins de fer que par les diligences. Lorsque je parcourais ce pays, en 1835, celles-ci prenaient, en moyenne, 15 centimes par kilomètre. La plupart des chemins de fer demandaient 13 centimes 1/2. Habituellement dans l'État de New-York, par exemple, c'était le maximum imposé par le législateur. Pour les Américains le bénéfice de la rapidité est un puissant attrait, et les compagnies supposaient que le public s'en contenterait. M. Stucklé, qui a visité les États-Unis douze ans plus tard pour y étudier les voies de communication, et qui a publié sur ce sujet un volume fort substantiel, trouva le même prix à peu près. « Le taux généralement adopté, dit-il, est celui de 4 cents (0 fr. 216) par mille (1,609 mètres); ou de 13 cent. et demi par kilomètre... Il existe toutefois quelques exceptions à cette règle. Ainsi en Massachusetts quelques routes et la ligne de Boston à New-York ne comptent que 2 cents par mille, ou 6 cent. 3/4 [1] par kilomètre. » Quelques lignes perçoivent 3 cents par mille, ou 10 cent. 1/4 par kilomètre. Le docteur Lardner estime que sur les chemins de l'État de New-York et des six États de la Nouvelle-Angleterre, le prix moyen des places est de 9 cent. 3/4 par kilom. [2], ce qui s'accorde très bien avec un prix de 13 cent. 1/2 pour la plupart des lignes, parce que les chemins qui desservent les environs des grandes villes ont des prix réduits, ce qui rabaisse notablement la moyenne générale. Cependant le bon marché du transport sur les bateaux à vapeur donnant à ceux-ci une clientèle infiniment plus nombreuse que celle des chemins de fer, c'était un enseignement dont les administrations des chemins de fer devaient profiter. Les compagnies des chemins de fer américains se montrent donc disposées à faire quelques concessions au public, sous le rapport du prix des places. Dans le sud, le prix est plus élevé que dans le nord.

En somme, on est fondé à dire que ces chemins, non-seulement rendent les voyages beaucoup plus faciles et plus commodes, mais qu'aussi ils en diminuent ou doivent en diminuer fortement la dépense. Ils ont cette tendance de plus en plus marquée. Les abonnements au mois, à la saison ou à l'année, les billets de retour, les trains de plaisir, et d'autres combinaisons qui se répandent et se multiplient, ont visiblement cet effet, et dans quelques cas l'économie obtenue est presque incroyable. On a eu entre Paris et Londres des trains

[1] *Les voies de communic. aux États-Unis*, page 115.
[2] *Railway Economy*, page 408.

de plaisir dont le prix, pour aller et revenir, n'était
que de 40 fr., soit 20 fr. par voyage. Il y en a
même eu, par la voie du Havre, où l'on ne payait
aux secondes que 24 fr., soit 12 fr. par voyage.
Ce n'était pas 3 centimes par kilomètre, moins
que l'indemnité de route que chez nous la charité
publique accorde aux indigents. En ce moment
(novembre 1851), les compagnies de Saint-Germain et de Versailles (rive droite) prennent moins
de 3 centimes [1].

Le docteur Lardner [2], calculant pour l'Angleterre, pour les deux années closes au 30 juin 1848,
estime que l'économie obtenue par le public en
voyage a été de 16,922,000 liv. sterl. ou de 423
millions de francs, savoir :

> Pour les voyageurs de la première classe qui ont par-
> couru ensemble 570 millions de kilomètres, en
> millions de francs. 129
>
> Pour les voyageurs de la deuxième et de la troi-
> sième classes, qui ont parcouru ensemble
> 2 milliards 173 millions de kilomètres, en
> millions de francs. 283
> ________
> Total en millions. 412

Ce qui fait déjà une moyenne annuelle de 206
millions.

---

[1] Le prix des places est, dans les wagons (deuxième
et dernière des places), de 1 fr. 25, aller et retour ensemble. On fait à ce prix sur la ligne de Versailles 48 kilomètres. C'est 2 centimes et 6/10 par kilom., et encore
les voyageurs peuvent user gratis des omnibus de la
compagnie.

[2] *Railway Economy*, page 180.

Le docteur Lardner y joint, pour le temps économisé, une somme de 10 millions de francs, qu'à mon gré il aurait pu porter au décuple, et pour la diminution des dépenses dans les auberges une somme de 1,070,000 fr. qu'il aurait pu mettre beaucoup plus haut. Il obtient ainsi, en calculant au plus bas, le total de 423 millions pour deux ans ou 211 millions et demi par an. En ce moment, s'il refaisait son calcul, il trouverait beaucoup plus en conservant les mêmes bases, parce que le réseau s'est étendu, que les voyages se sont multipliés et que les compagnies ont réduit le prix des places, et admettent sur une plus grande échelle le système des abonnements. Je ne pense pas qu'on soit loin de la vérité, en ce moment, en portant à la moitié d'un milliard l'économie que procurent annuellement les chemins de fer à la société anglaise, du chef des voyages. C'est de cette forte quantité que l'influence des chemins de fer, sur ce seul chapitre des voyages, diminue en Angleterre le *frottement* du mécanisme social, pour me servir d'une heureuse expression de M. H. Carey de Philadelphie.

Quant aux marchandises, l'effet produit est moindre. Mais il est encore bien satisfaisant, bien considérable. Nous en avons déjà parlé en termes généraux ; revenons-y plus en détail. Les chemins de fer changent ou tendent à changer de la manière la plus marquée les conditions de l'approvisionnement pour certaines denrées, dont au premier abord on ne sent pas toute l'importance commerciale, mais qui, à raison de leur masse, en ont beaucoup. Ainsi l'abattage des bœufs et des moutons destinés à Paris pourra se faire à Limoges, à Poitiers, ou dans le Berry, ce qui produira une économie notable. Ainsi les légumes que consomment les Parisiens commencent à venir du Finistère. Le lait, jadis fourni exclusivement par les nourrisseurs de la banlieue, arrive d'un rayon de 120 kilomètres. Ces changements favorisent la production de la richesse, diminuent très notablement le *frottement* dont je parlais tout à l'heure, facilitent la vie à bon marché.

Pour le service des marchandises, les chemins de fer, à peu près partout en Europe et même aux États-Unis, trouvaient la place occupée et des concurrents très redoutables, en ce que, pour la majeure partie des marchandises, la grande vitesse n'a pas la même utilité que pour les voyageurs. C'étaient les canaux, les fleuves, les routes même. Il en résulta pour les compagnies de chemins de fer l'obligation de tenir, dans la plupart des cas, leurs tarifs de transport bien au-dessous des maxima fixés par le législateur, ou, à ne profiter de ces maxima que pour un petit nombre d'objets exceptionnels. Je parle ici dans la supposition que les maxima légaux fussent élevés. C'est vrai le plus souvent. On peut même citer des États où le législateur s'est abstenu de fixer un maximum quelconque, persuadé que l'intérêt bien entendu des compagnies suffirait pour les déterminer à modérer leurs tarifs ; c'est le cas dans le Massachusetts, par exemple.

En Angleterre, les maxima fixés par le législateur étaient, pour la première classe de marchandises

(cotons et laines bruts, drogues tinctoriales, tissus),
par tonne et par kilomètre. ofr.386
Pour la seconde classe (sucre, grains, farines,
bois de teinture, métaux bruts, le fer excepté, poterie, etc.).   0   322
Pour la troisième (houille, coke, cendres,
minerai de fer, fer en barres et laminé, fer
fondu).   0   290
Pour la quatrième (pierre à chaux, cheux,
fumier, matériaux propres à l'entretien des
routes).   0   258

A l'origine, les compagnies anglaises demandèrent, selon les classes, de 12 à 20 centimes ;
pour quelques articles transportés à plus grande
vitesse, elles allèrent à 30 centimes ; aujourd'hui
c'est beaucoup moins, surtout pour les marchandises très communes : nous dirons plus bas
jusqu'à quel point elles ont diminué leurs prix
en ce qui concerne celles-ci. Sur les marchandises
de commerce, je veux dire sur les articles courants provenant des manufactures, la baisse a
été très forte aussi. M. Teisserenc cite les prix de
1838 et ceux de 1846 entre Manchester et Birmingham et entre Birmingham et Londres. Ce qui
coûtait 56 fr. 25 c. et 75 fr. en février 1838 ne
coûtait plus que 19 fr. et 28 fr. 12 c. en septembre
1846. M. Auguste Chevalier cite M. G. Glyn,
président des directeurs du chemin de Londres
à Birmingham, qui dit aux actionnaires réunis
en assemblée générale, en février 1846, qu'en
1838 il en coûtait 112 fr. 60 pour transporter
une tonne, de Manchester à Londres (319 kilom.),
tandis que, actuellement, le même poids pouvait

être transporté de Manchester en Chine par Londres pour 81 fr. 90 c. [1].

En France, les cahiers des charges distinguent trois classes de marchandises, qui sont tarifées : la première à 18 centimes, la seconde à 16, la troisième à 14. La houille l'est spécialement à 10. Les marchandises qu'on transporte à la vitesse des voyageurs payent beaucoup plus. La perception effective des compagnies est à peine de 10 centimes pour la moyenne des marchandises à petite vitesse. Pour la houille, pour le plâtre, pour le blé même, on verra plus loin combien elle va plus bas dans certains cas.

Aux États-Unis, les maxima fixés par le législateur offrent de grandes variations d'État à État, souvent dans un seul et même État. Il y a aussi de grandes inégalités dans la perception réelle. La Virginie donne des maxima de 40 centimes dans certains cas, de 20 centimes dans d'autres. Dans le Nord, on trouve des maxima moindres, quelquefois très modiques ; les législatures étaient en grande défiance contre les compagnies. En réalité, sur les chemins américains, sauf un petit nombre d'exceptions, les prix de transport effectivement perçus sont élevés. En 1836, la compagnie de Worcester, à laquelle n'avait été imposé aucun maximum légal (elle est dans le Massachusetts), percevait dans la direction de l'est à l'ouest 20 centimes, et dans le sens opposé 25 ; la compagnie de Lowell à Boston prenait

---

1 Aug. Chevalier, *Mémoire sur l'exploitation des chemins de fer anglais*, page 84.

26 centimes. Dans l'État de New-York, la compagnie d'Albany à Schenectady percevait 26 centimes. En Virginie, la compagnie de Pétersbourg au Roanoke, 33 centimes ; celle de Winchester au Potomac, 20 centimes dans un sens, 26 dans l'autre. La compagnie de Baltimore à l'Ohio demandait tout ce que permettait son maximum légal qui était de 20 centimes de l'est à l'ouest, de 13 en sens opposé. Il faut dire qu'aux États-Unis les prix du roulage étaient élevés, de 50 centimes au moins par tonne et par kilomètre, de sorte que, même avec les tarifs que je viens de citer, les chemins de fer donnaient une notable économie au public. Actuellement les chemins de fer américains se contentent, pour la plupart, d'une rémunération moindre.

Voici ce qu'en dit M. Stucklé :

« Le prix de transport des marchandises sur le Baltimore-Ohio railroad est de 35 et 25 cents par 100 livres sur une distance de 188 milles : c'est fr. 0 fr. 097 par tonne et par kilom. ; sur le Central railroad, en Géorgie, le prix de transport des marchandises est de 50 cents par 100 livres (19 centimes par tonne et par kilom.) ; de Philadelphie à Baltimore, le tarif est de 12 1/2 et 10 cents par 100 livres : c'est environ 7 centimes et demi par tonne et par kilom. Le combustible, sur le Philadelphia-Reading railroad, est transporté à raison de 4 centimes et demi par tonne et par kilom. Ce dernier chiffre est extrêmement modéré [1]. »

____

[1] *Voies de communication aux États-Unis*, p. 115.

Par la rapidité qu'ils offrent, jointe au bon marché, les chemins de fer donnent le moyen d'organiser très avantageusement la division du travail entre les provinces d'un même État, entre les différents États même. Ainsi, un tissu de coton pourra être fabriqué écru en Angleterre, recevoir une première façon à Rouen, une seconde à Appenzell en Suisse, et venir se vendre dans un magasin du boulevard à Paris. Ces arrangements donnant lieu à un accroissement de résultat pour une même quantité de travail, c'est par conséquent une augmentation de la richesse.

Les aspects que je signale en ce moment et ceux que j'ai indiqués plus haut ne sont pas, à beaucoup près, les seuls par lesquels se voit l'heureuse influence qu'exercent les chemins de fer sur la richesse publique et privée, en tant qu'ils servent au transport des marchandises. Ils ont une action d'un autre genre, par la réduction qu'ils font éprouver au capital de roulement nécessaire aux diverses branches de l'industrie manufacturière. Si je suis filateur de coton à Mulhouse ou en Suisse, et que, par les anciens moyens de transport, le coton mette quinze jours à m'arriver du Havre, il est bien clair qu'un nouveau mode de communication qui me permettra d'avoir ma matière première en 36 heures diminuera sensiblement le capital dont j'ai besoin pour me livrer à mon industrie, ou en d'autres termes, avec le même capital je pourrai produire notablement plus, créer une plus forte masse de richesse. Il me fallait un capital d'un million pour produire deux cent mille kilogrammes de fil ; avec ce même capital j'en ferai deux cent vingt ou deux cent quarante mille.

Je ne pense pas que, en ce moment, on exagère rien en disant que, tout considéré, en tenant compte de la baisse que les compagnies de canaux ont dû faire subir à leurs tarifs sous la pression de cette concurrence, et le service des marchandises étant uni à celui des voyageurs, les chemins de fer procurent à la société anglaise une économie annuelle des trois quarts d'un milliard de francs. Or, il y a quelques années on estimait que l'économie totale de la nation britannique, la somme qu'elle ajoutait à son capital était de 1,600 millions. Par les chemins de fer elle s'est donc mise en mesure d'ajouter près de la moitié à cette économie, ou si elle veut jouir et consommer au lieu de capitaliser, d'accroître son bien-être exactement autant que si les trois quarts d'un milliard en écus lui tombaient des nues tous les ans.

Les chemins de fer, avons-nous dit, ont une tendance populaire. C'est attesté par un très grand nombre de faits, et notamment par la proportion des personnes qui prennent aujourd'hui les places des plus bas prix. Parmi les chemins de fer français il n'en est pas un seul où le nombre des voyageurs, qui se mettent aux premières places, soit du sixième; sur le chemin fer du Nord, c'est du dixième. Le plus communément, les voyageurs des troisièmes forment, au contraire, à peu près les deux tiers ou les trois quarts de la totalité. Les voyageurs des secondes en font près du tiers ou du quart. Il est vrai que les voyageurs de la première classe parcourent de plus longs trajets. En résumé cependant, les voyageurs des troisièmes sont ceux desquels la plupart des chemins de fer français tirent la plus forte part de leur revenu. Les relevés publiés par le docteur Lardner pour 1848 [1] offrent les indications suivantes pour la part des recettes qui répond à chaque classe des voyageurs sur les plus importants des chemins de fer français :

CLASSES des VOYAGEURS	CHEMINS DE FER.				
	Nord.	Orléans.	Rouen.	Marseille	Bâle.
1re classe.	22	36	21	10	16
2e —	37	38	34	33	38
3e —	41	26	45	57	46

Mais l'année 1848 n'était pas en France une année normale.

Pendant l'année 1850, le chemin de fer du Nord, dont l'exploitation était désormais au complet, a eu, sur ses 710 kilomètres, les proportions suivantes sur cent voyageurs :

Aux premières. 10
— secondes.. 24
— troisièmes. . . . . : 66

1 *Railway Economy*, page 455.

Et dans une recette de cent francs :

    Les premières ont donné. . . . . . . 33 fr.
    — secondes. 30
    — troisièmes. 37

Sur les chemins de fer belges on peut calculer que sur 100 voyageurs il y en a :

    Aux premières. 11
    — secondes. 25
    — troisièmes. 64

et que sur 100 fr. de recette provenant des voyageurs :

    Les premières fournissent . . . . . . 28 fr.
    — secondes   —   34
    — troisièmes   —   38

Sur les chemins anglais, les proportions, à l'origine, ont été très différentes. Les compagnies alors semblaient avoir pris pour devise l'exclamation dédaigneuse d'Horace pour le commun des hommes. En 1843, quand déjà l'exploitation des chemins anglais commençait à être moins aristocratique, il y avait pour l'ensemble des lignes sur 100 voyageurs :

    Première classe. 20
    Deuxième — 51
    Troisième — 29

et dans les recettes, la part afférente à chaque classe était :

    Première classe. 44 1/2
    Deuxième — . . . . 42 »
    Troisième — 13 1/2

En 1848, les nombres ci-dessus étaient devenus ce qui suit pour l'ensemble des lignes anglaises :

	Nombres.	Produits.
Première classe	19	31
Deuxième —	39	41
Troisième —	42	28

Mais ces moyennes provenaient d'éléments très divers selon les divers chemins de fer. Ainsi un certain nombre de lignes qui, à cette époque, avaient acquis l'intelligence du bon marché, à savoir celles de Manchester à Leeds, d'York et North Midland, d'Édimbourg à Glasgow, de Glasgow à Ayr, de Paisley à Ayr, de Dublin à Kingstown, donnaient une moyenne de

11 voyageurs aux premières.
33 — secondes.
56 — troisièmes.

Tandis que les quatre lignes importantes de Londres à Birmingham, de Grande-Jonction, du Sud-Ouest et du Great-Western donnaient une moyenne de

40 voyageurs aux premières.
52 — secondes.
8 — troisièmes.

La progression favorable au grand nombre s'est fortement dessinée depuis lors.

Quant aux chemins de fer allemands, d'après le docteur Lardner, les proportions des nombres respectifs des voyageurs seraient de 4, 22 et 74 pour 100 pour les trois classes : les recettes seraient à peu près dans le rapport des nombres.

Il est à remarquer que dans beaucoup de pays, en Belgique et en Allemagne notamment, beaucoup de gens aisés se placent aux troisièmes, soit par esprit d'économie, soit par familiarité avec les classes moins fortunées.

§ IV. FRAIS DE CONSTRUCTION DES CHEMINS DE FER.

Énormité de ces frais en Angleterre et aussi en France ; comment la dépense a été exagérée sans nécessité ; idées fausses qu'on s'était faites au sujet des pentes et des courbes. — Moyens imaginés pour se dispenser des courbes à grand rayon, et pour gravir les rampes raides ; système des convois articulés de M. Arnoux ; système atmosphérique. — Sagesse qu'ont montrée les Américains et les Allemands au sujet du mode de construction des chemins de fer.

L'inconvénient des chemins de fer est de coûter beaucoup. C'est incomparablement au-dessus de ce que coûtent les routes ; c'est même bien au-delà de tout ce qu'ont coûté les canaux. Je parle des grandes lignes de fer, telles qu'on les a construites jusqu'ici en Angleterre et en France. Les compagnies anglaises surtout ont fait des dépenses extraordinaires, disons mieux, extravagantes.

Le chemin de fer de Londres à Birmingham a coûté par kilomètre. . . . . 841,000 fr.
Celui de Liverpool à Manchester. . . . 855,000
— Londres à Bristol. 943,000
— Manchester à Birmingham. . . 962,000
— Londres à Brighton. 884,000
— Manchester à Leeds. 1,003,000
— Bolton à Bury. 1,080,000

Quelques-uns des plus importants étaient revenus moins cher, mais avaient encore exigé beaucoup d'argent. C'est ainsi que le chemin de fer de Grande-Jonction avait coûté. 380,000
Celui de Londres à Southampton, non compris le prolongement dans Londres. 442,000
La moyenne des lignes anglaises est d'environ. 550,000
Il y a bien peu de simples embranchements en Angleterre qui n'aient nécessité. 250,000

En France les chemins de fer ont entraîné de moindres déboursés; cependant les lignes les plus importantes ont été très coûteuses.

Le chemin de fer d'Orléans qui n'offrait pourtant pas de bien grandes difficultés, a coûté. 368,000
Celui de Rouen. 404,000

Cette forte dépense en France et en Angleterre est venue de certaines convenances que les administrations des chemins de fer se sont imposées ou qu'elles ont subies, pour entrer dans les villes par exemple, à travers les quartiers bâtis, et de certaines règles qu'on a cru devoir suivre dans la construction, ou que l'autorité prescrivait. Ainsi on a voulu deux voies partout; puis, pour avoir une grande rapidité, et dans la supposition que c'était nécessaire pour que les frais de traction fussent bas, on a posé en principe qu'on ne devait pas dépasser la pente de 5 millimètres par mètre, et même de 3 et 3 1/2. Quant aux courbes, dans la même pensée, on s'est refusé à en admettre d'abord de moins de 500 mètres, et puis de 800 ou 1,000 mètres de rayon.

Pénétrer dans les villes à travers les quartiers bâtis, en achetant les terrains à gros deniers, et en élevant des arcades, a rendu très coûteuses les têtes des lignes. On en pourrait citer en Angleterre quelques-unes, où il a été dépensé de 7 à 8 millions par kilomètre, et cela sur plusieurs kilom., et d'autres où la dépense a été sur une plus grande longueur de 3 à 4 millions[1].

En France, les frais de premier établissement des chemins de fer ont été aggravés par le haut prix auquel sont tenus les fers, en conséquence du système restrictif des douanes. En 1844, 1845 et 1846, les maîtres de forges, usant du monopole que leur confère le tarif de la douane, ont imposé aux compagnies de chemins de fer des marchés léonins. Si les chambres françaises eussent éprouvé en faveur des chemins de fer la sollicitude que méritaient si bien ces voies de communication perfectionnées, elles eussent fait

[1] Les quatorze premiers kilomètres de Londres à Bristol ont coûté par kilomètre. . . . . 3,400,000 fr.
Les quatorze premiers de Londres à Birmingham. 3,700,000
Le chemin de Londres à Greenwich. . . 4,100,000
Le chemin de Londres à Blackwall. . . 5,000,000
Les 3 kilomètres de Nine-Elms à Waterloo, qui forment l'entrée dans Londres du chemin de Southampton, ont coûté ensemble 23,971,000 fr., et pourtant on s'est dispensé d'une station monumentale. C'est par kilomètre. 7,990,000

comme le congrès des États-Unis, qui avait expressément affranchi les rails de tout droit de douane.

Mais la cause la plus générale de l'énormité de la dépense a été l'adoption d'un maximum de pente très bas et d'un maximum de courbure très grand. On s'est mis ainsi dans la nécessité de creuser les vallées et de trancher les montagnes, d'ouvrir de longs souterrains, et d'ériger des viaducs auprès desquels les constructions les plus vantées des Romains seraient des miniatures.

Le pire de l'affaire, c'est que toute cette dépense n'avait guère de motif valable. Le point de départ du système qui a prévalu était une idée fausse. On supposait que c'était le moyen de diminuer beaucoup les frais d'exploitation. Il est très vrai que sur une pente très faible une locomotive obtient un plus grand effet; nous avons déjà eu occasion de le faire remarquer. Il n'est pas moins exact que sur des courbes à très grand rayon la force centrifuge étant moindre, les frottements absorbent moins de force, les chances de déraillement sont moindres, même avec une très grande vitesse. Mais à l'époque même où l'on construisait ainsi les chemins de fer en Angleterre, on adoptait un mode d'exploitation qui en paralysait complétement les effets, au moins pour le service des voyageurs, celui dont on se préoccupait le plus. En visant non à la quantité des voyageurs, mais à la qualité, si je puis parler ainsi, on se plaçait dans des conditions où les convois des voyageurs devaient être bien loin de la pleine charge. La multiplication des convois, qui est surtout commode pour la partie aisée du public, tend au même résultat. Il faut reconnaître même qu'il est de l'essence du service des voyageurs que la charge des convois reste habituellement plus ou moins incomplète, même quand on s'adresse au grand nombre. Quant aux marchandises, du moment que les administrations des chemins de fer s'imposaient l'obligation d'avoir des convois assez nombreux et à heures fixes, il était bien difficile, sur la plupart des lignes, d'avoir communément autre chose que des convois incomplets. C'est seulement dans le cas où un chemin de fer doit avoir d'une manière régulière une série de convois de marchandises très pesamment chargés, que la modération extrême des pentes est avantageuse. Encore faut-il qu'il s'agisse de cette classe particulière de marchandises communes pour lesquelles deux ou trois centimes par tonne, répétés pendant quelques centaines de kilomètres, méritent d'être pris en grande considération.

On n'avait pas suffisamment apprécié à cette époque la facilité qu'on a réellement à franchir des rampes par le moyen de la vitesse acquise, en les faisant précéder de paliers à peu près de niveau. Enfin on ne connaissait pas les ressources qu'offre la détente variable de la vapeur, pour donner à un moment donné ce que j'appellerai un coup de collier. On faisait à l'égard des pentes comme si tous les chemins de fer avaient dû être avant tout des voies destinées à écouler les produits d'une mine de houille pourvue d'une grande clientèle.

Au sujet des courbes on s'exagérait les inconvénients des rayons de moins de 500 mètres; un machiniste sachant son métier ne les aurait jamais redoutés; un bon machiniste ralentit à propos le convoi, s'il le faut, aux passages réputés difficiles, sans qu'il en résulte une perte de temps appréciable. On aurait pu se dire encore que le besoin d'une vitesse moyenne de plus de 40 kilom. à l'heure n'était pas si généralement senti, qu'il fût nécessaire de dépenser de grosses sommes pour y satisfaire. Au surplus, c'était un problème qu'on pouvait résoudre, que celui d'obtenir de grandes vitesses sur des courbes de moins de 500 mètres de rayon, sans exposer la vie des voyageurs, et sans exposer les roues du convoi à des frottements qui les usassent en peu de temps et disloquassent les rails. C'est aujourd'hui un fait admis par les ingénieurs, que, même avec des locomotives longues, et destinées à une très grande vitesse, comme celles de M. Crampton, il n'y a pas d'inconvénients à avoir des courbes de 300 mètres de rayon; on en est quitte pour élargir un peu la voie au tournant, et pour exhausser un peu le rail extérieur. Avec des locomotives moins longues, on peut se permettre des rayons de 200 mèt.

On fut fort étonné, après quelques années, quand, comparant la dépense de l'exploitation sur les lignes qui s'étaient soumises à la loi des pentes très douces et des grands rayons de courbure à celle des lignes où, plutôt que d'aggraver fortement les frais de construction, l'on s'était résigné à des rampes plus raides et à des tournants d'un rayon moindre, l'on trouva qu'il n'y avait pas de différence bien appréciable. Avec des chargements incomplets pour la plupart, il était impossible qu'il en fût autrement.

D'ailleurs, un moyen simple a été imaginé par un homme ingénieux, pour écarter les dangers des courbes d'un rayon bien moindre encore. La difficulté de la grande vitesse sur une courbe à petit rayon résulte de l'obligation où l'on est de maintenir toujours parallèles les deux essieux de chaque wagon. Or M. Arnoux a trouvé le moyen de se soustraire à ce parallélisme par le système des *convois articulés*, et de cette manière il a pu, sans en éprouver d'inconvénients, abaisser les rayons des courbes jusqu'à 25 mètres ; mais on conçoit qu'il n'est pas utile de descendre jusque-là. M. Arnoux n'a employé des rayons aussi courts sur le chemin de fer de Paris à Sceaux qu'il a établi, que pour rendre plus complète la démonstration de l'efficacité de son système. Et même, en dehors des gares de Paris et de Sceaux, où le cercle de 25 mètres de rayon existe entier, M. Arnoux s'est limité à 55 mètres.

L'invention de M. Arnoux a maintenant subi une épreuve décisive. Sur le chemin de fer de Paris à Sceaux, où l'on a exagéré à dessein la diminution des rayons de courbure, on a toute la vitesse désirable. Il est constant que le matériel ne s'y dérange pas plus qu'ailleurs, et ne s'use pas davantage. Le succès de l'invention est complet, mais non pas celui de l'inventeur. Aucune compagnie n'a voulu adopter le système de M. Arnoux, et cet habile ingénieur a été ruiné par sa découverte.

Une autre invention, qui a fait beaucoup plus de bruit que celle de M. Arnoux et qui a été plus favorablement accueillie des capitalistes, est celle du chemin de fer atmosphérique, dont l'objet était de gravir plus facilement les rampes fortement inclinées. Le chemin de fer atmosphérique a été essayé en Irlande sur la ligne de Kingstown à Dalkey, en Angleterre sur celle de Croydon et sur celle du South-Devon, en France sur la montée de Saint-Germain. Ce système se recommandait en ce que, non-seulement il eût dispensé de niveler le sol, mais aussi en ce qu'il eût permis des vitesses extraordinaires et rendu impossibles les accidents qui ont lieu par le choc des convois entre eux ; de tous les accidents ce sont les plus fréquents et les plus redoutés. Mais après quelque temps, il a fallu y renoncer au moins sur le chemin de Croydon et sur celui du South-Devon. J'ignore ce qu'on a fait sur celui de Kingstown à Dalkey. Le système atmosphérique a l'inconvénient de coûter fort cher, de premier établissement. C'est surtout sensible en France où le fer est à bien plus haut prix qu'en Angleterre. L'énorme dépense qu'a ainsi encourue la compagnie de Saint-Germain a changé profondément de bien en mal la face de ses affaires. En Angleterre cette objection n'existerait pas au même degré, à beaucoup près. La construction dans le système atmosphérique de la majeure partie de la ligne du South-Devon, qui a 89 kilom., n'avait donné lieu qu'à 9,481,000 fr. de frais propres au système.

Il est à noter que, sur la montée de Saint-Germain, la compagnie française du chemin de fer est parvenue à réduire à une somme très modique les frais courants du système atmosphérique. On y consomme quotidiennement 2,903 kilog. de houille seulement, pour un parcours collectif de 77 kilom. et une charge collective de 530 voitures, le tout réparti sur 16 trains montants. La dépense en combustible est de 88 cent. par kilom. parcouru. L'entretien et la surveillance ne reviennent pas à plus de 63 cent. par kilom. parcouru. La compagnie de Saint-Germain est convaincue qu'il lui en coûterait davantage avec des locomotives spéciales, telles qu'il les lui faudrait pour gravir la rampe. L'élévation est de 51 mètres, sur un développement de 2,200 mètres. D'où l'on peut conclure que si les compagnies de Croydon et de South-Devon avaient su manier le système atmosphérique aussi bien que la compagnie de Saint-Germain, elles ne l'auraient pas abandonné.

Les Allemands et les Américains, stimulés par le désir de ne pas dépenser pour leurs chemins de fer plus d'argent qu'ils ne pouvaient s'en procurer, secouèrent à temps la loi des pentes insensibles et des grands rayons de courbure. Ils firent plus, les Américains surtout : dans un bon nombre de cas ils se résignèrent à n'avoir qu'une voie sur les chemins de fer. Quand la circulation des hommes et des choses n'est pas extrêmement active, une voie suffit en effet, moyennant quelques gares d'évitement.

Les chemins de fer de l'Allemagne ont coûté en moyenne 200,000 fr. par kilom. Aux États-Unis, on a trouvé le moyen de dépenser beaucoup moins encore dans la plupart des cas, quoique le prix de la main-d'œuvre y soit à peu près deux fois plus élevé qu'en France, plus cher encore par rapport à l'Allemagne, et que le fer s'y fabrique assez chèrement. Une analyse minutieuse que j'avais faite des documents les plus positifs m'avait conduit à ce résultat que, à la fin de 1842, 2,783 kilom. de chemins de fer américains, desservis par des locomotives, avaient coûté en moyenne 111,000 fr. Dans le nombre il y en avait dont l'exécution était remarquable, et qui avaient coûté moins de 75,000 fr., et même de 60,000 fr.; quelques-uns étaient à 50,000 fr. et au-dessous. Les plus dispendieux, comme celui de Columbia, celui de Portage, celui de Baltimore à Washington, le Western Railroad du Massachusetts, le chemin de Boston à Lowell, celui de Philadelphie à Reading, coûtaient presque tous un peu moins de 200,000 fr. A l'exception des petits chemins de plaisir qui pénètrent avant dans les grandes villes, tels que celui de Harlem (dont les frais d'établissement avaient été de 469,000 fr.), presque aucun chemin de fer américain n'avait coûté plus de 250,000 fr. par kilom.

C'est vraiment un sujet bien digne d'étude, je devrais dire d'admiration, que le bon sens déployé par les Américains quand il s'est agi d'adopter un système pour l'établissement de leurs chemins de fer. Voici, par exemple, la ville de Charleston, qui veut aller chercher, à 219 kilom. de là, à Augusta (Géorgie), les cotons qu'on récolte dans la vallée de la Savannah. La distance est grande, et à Charleston on a peu d'argent. On s'ingénie, on s'efforce, et on arrive. Je visitai ce chemin en 1834, il venait d'être achevé, et c'était le plus long qu'il y eût au monde alors. Avec tout le matériel d'exploitation, les locomotives et les wagons, il avait coûté 6 millions seulement. Çà et là, il était sur pilotis, comme perché sur des échasses. Les arbres de la forêt primitive, qui avait été traversée de part en part, avaient été ici abattus, ailleurs dressés en échafaudage pour soutenir la voie: Il n'arrivait pourtant pas d'accidents, et peu à peu, avec les profits qu'elle a obtenus, la compagnie a substitué des remblais à ces appuis périssables. 6 millions pour 219 kilom., c'est par kilom. 28,000 fr. D'autres chemins américains, régulièrement desservis par des locomotives, ont coûté de 40 à 50,000 fr. par kilom. Je citerai, entre autres, celui qui a été construit en Virginie, de la ville de Petersburg au fleuve Roanoke, par M. Moncure Robinson. De Charleston à Augusta, et de Petersburg au Roanoke, le sol sans doute était fort propice : et pourtant de Petersburg au Roanoke il a fallu jeter des ponts sur plusieurs rivières, et ces ponts ont leurs piles et leurs culées en maçonnerie. Il faut ajouter que les Américains sont passés maîtres dans l'art de construire à très peu de frais des ponts à arches ou travées en bois sur les plus grands fleuves. Je connais aux Etats-Unis un pont de ce genre sur piles en pierre, avec deux voies pour les voitures et trois trottoirs pour les piétons, qui a au-delà de 2,000 mètres de long, avec une toiture tout le long, et n'a pas coûté plus de 600,000 fr.; c'est sur une route ordinaire, à Columbia (Pensylvanie). L'ingénieur éminent que je nommais tout à l'heure, M. Moncuré Robinson, a élevé à Richmond, pour le chemin de fer de cette ville à Petersburg, un pont à deux voies, de 867 mètres entre les culées, qui n'a coûté que 586,000 fr., soit 676 fr. par mètre courant. Il est vrai que les fondations y étaient extrêmement faciles. Sur le beau chemin de fer qui relie Philadelphie aux mines de charbon du Schuylkill, il a dû ériger divers ponts d'une extrême solidité, afin de résister à de pesants convois de charbon mus avec une certaine vitesse, et sur piles en bonne maçonnerie ; l'un, celui des écluses de Peacock, a entre les culées 205 mètres ; ce pont, dont le tablier est à 18 mètres au-dessus de l'étiage, est à deux voies, et n'a coûté que 186,000 fr., dont 112,000 fr. pour la maçonnerie seule ; c'est en tout 811 fr. 77 c. par mètre entre les culées. Il y a douze ans qu'il est terminé, et il est solide comme le premier jour. Chez nous, quand on recommandait ces ponts, dont il existe des centaines en Amérique, il était répondu que cela ne pouvait pas tenir, comme si les lois de la gravitation n'étaient pas les mêmes dans les deux hémisphères ! De l'un à l'autre, ce n'est pas dans les lois de la gravitation qu'est la différence, c'est dans le sens commun.

§ V. RÉSULTATS MÉDIOCRES QU'ONT OBTENUS LES ACTIONNAIRES DE LA PLUPART DES CHEMINS DE FER.

Les chemins de fer, qui produisent tant et de si beaux résultats à la société, rémunèrent-ils les capitalistes qui les ont entrepris ? La cote des actions en France et en Angleterre répond à cette question. Dans les deux pays, on cite à peine quelques compagnies dont les actions soient au-dessus du pair. Chez nous, les compagnies de Paris à Orléans et de Paris à Rouen sont les seules dont les actions ne se vendent pas à perte. En Angleterre, vers 1845, les actions gagnaient une forte prime, celles du chemin de fer de Londres à Birmingham étaient cotées à 250 liv. sterl. pour 100 de versement ; celles du Great-Western étaient à 180. On avait des dividendes de 10 pour 100 ; on en citait même de 12 et de 14. Mais dans plusieurs de ces dividendes, sinon dans tous, il y avait un élément fictif. Par un vice de comptabilité, qui fréquemment avait été suggéré par un misérable agiotage, une partie des dividendes était prise sur le capital même. En second lieu, et pour les compagnies honorables c'est la principale cause de la différence entre les dividendes actuels et ceux d'autrefois, les compagnies se sont crues obligées d'entreprendre à leurs frais des embranchements sans fin, d'en favoriser d'autres par des souscriptions ou par des garanties d'intérêt. Ainsi la compagnie du Nord-Ouest s'était chargée de 633 kilomètres d'embranchement qu'elle s'est incorporés, dont 450 environ sont terminés aujourd'hui, et de plus elle a pris des intérêts pour 120 millions dans un ensemble de lignes composant 1,029 kilomètres. La compagnie du Great-Western, celle de Londres à Southampton, celle du Sud-Est ou de Londres à Douvres, ont suivi les mêmes errements. Ces embranchements ont eu beau être exécutés dans un style moins magnifique et moins dispendieux que les lignes mères ; ils ont donné si peu de produits que les dividendes en ont été profondément affectés. Enfin les chemins de fer, en se multipliant, se sont fait concurrence les uns aux autres et les recettes de chacun en ont été diminuées naturellement. Depuis quelques années, à mesure que l'étendue du réseau anglais augmente, la somme des recettes monte aussi, mais l'accroissement relatif au capital total est moindre, et par conséquent le dividende moyen diminue. En moyenne, les capitaux qui ont été placés en chemins de fer en Angleterre ne rendent guère que 3 pour 100.

Les chemins de fer américains, allemands, français donnent en moyenne un dividende plus fort. La plupart des chemins de fer de la Nouvelle-Angleterre et de l'Etat de New-York donnent plus de 6 pour 100; la moyenne de vingt lignes éparses dans les États du littoral, de la Georgie au Maine, est, d'après les renseignements fournis par M. Stucklé[1], tout juste de 6; la variation va de 12 à 3. Il faut dire qu'aux États-Unis le taux de 6 pour 100 répond assez exactement à celui de 3 en Angleterre.

§ VI. DU DEGRÉ DE BON MARCHÉ AUQUEL PEUT ÊTRE PORTÉ LE TRANSPORT EN CHEMINS DE FER.

Erreur commise d'abord par les compagnies anglaises en réglant leurs tarifs; exagération opposée dans laquelle sont tombés plusieurs des publicistes qui ont critiqué ces compagnies et ceux qui ont plaidé la cause des bas tarifs.

Aucune invention des hommes, de celles du

---

[1] *Voies de communication aux États-Unis*, p. 126.

moins qui ont de l'avenir, ne rend du premier coup tous les services qu'elle est appelée à conférer à la civilisation. En tout les conquêtés de l'homme sont graduelles. Le chemin de fer est un instrument relativement nouveau. On est donc fondé à espérer qu'il fera pour le bien de la société plus qu'il n'a fait jusqu'à présent. Jusqu'où peut-on raisonnablement croire qu'il ira dans ses bienfaits?

Sous le rapport de la vitesse, je doute fort qu'il y ait à en attendre au-delà de ce qu'il donne déjà en Angleterre. Une vitesse de 60 à 70 kilomètres à l'heure est, dans la plupart des cas, non-seulement suffisante, mais presque surabondante, *ultrà petita*. En Angleterre aussi, la multiplicité des convois, qui est une circonstance fort analogue à la vitesse, est tout ce qu'on peut désirer. Dans les autres pays, à mesure que les hommes auront mieux la notion de la valeur du temps, et que le nombre des personnes dont le temps est précieux se sera accru, on doit tendre, et on tendra à imiter l'Angleterre sur ce double point, la vitesse des convois et leur fréquence.

Et, sous le rapport des prix, jusqu'où pourrait-on aller? Il y aurait de la témérité à vouloir scruter ce sujet trop avant. Cependant, on peut, en partant de la connaissance passable du prix coûtant actuel des services que rend le chemin de fer et des éléments dont se compose ce prix, arriver à se former une idée de ce qui serait possible d'ici à peu. On a donc analysé les dépenses des chemins de fer. Il a été publié là-dessus des travaux fort intéressants. Je citerai ceux de MM. de Pambour, Lechatelier, Bineau, Minard, E. Teisserenc, Jullien, Courtois,

Tourneux, Auguste Chevalier, Perrot (de Bruxelles), Whishaw, Porter, Lardner. Je pourrais en nommer bien d'autres.

Parmi ces analyses une des plus substantielles est celle qui est due à M. Jullien. Elle est de 1845, et les documents dont il s'est servi sont relatifs aux années 1841, 1842, 1843. Quoique dans les huit dernières années bien des faits nouveaux se soient produits, que l'esprit dans lequel beaucoup de chemins de fer étaient exploités ait été modifié, que des perfectionnements aient été apportés au matériel et à l'administration et qu'ainsi différents frais aient été amoindris [1], les résultats présentés par M. Jullien sont dignes d'être cités et médités et ils ne laissent pas que d'être l'expression du présent dans une certaine mesure. En voici les principales conclusions :

La dépense totale étant représentée par 100, les frais causés par la traction et par l'entretien du matériel étaient à cette époque presque partout uniformément d'environ la moitié, soit de 50.

Les frais de traction étaient à peu près de 1 fr. 50 par kilomètre, par convoi ; et les autres frais d'exploitation de pareille somme, ce qui donnait un total de 3 fr.

La dépense du transport d'un voyageur moyen à 1 kilomètre étant supposée de 1, une répartition équitable des déboursés autorisait à évaluer les frais des autres services comme il suit :

[1] Je vois par exemple dans le compte rendu de l'exercice 1850, pour le chemin du Nord, que les frais par kilom. que M. Jullien portait à 3 fr., comme il est dit ici, ne sont plus que de 2 fr. 42 c.

Par tonne de marchandises à grande vitesse (vitesse des voyageurs) : 6.

Par tonne de marchandises à petite vitesse (environ 16 kilomètres par heure) : 2.

A une petite fraction près, sur le continent européen, le transport moyen d'un voyageur à 1 kilomètre, tel qu'il s'accomplissait alors, coûtait uniformément, tous frais d'exploitation compris, de 2 et 1/2 à 3 centimes, ce qui mettait, sur le continent, la tonne de marchandise à grande vitesse de 15 à 18 centimes, la tonne de marchandise à petite vitesse de 5 à 6.

En Angleterre la dépense par voyageur moyen était plus forte. Pour 1842, M. Jullien, d'après les renseignements consignés dans le rapport du comité de surveillance des chemins de fer, l'estimait à $4\frac{8}{10}$ centimes, soit près de 2 centimes de plus. Ce surplus était motivé en partie par la grandeur de l'impôt sur les chemins de fer en Angleterre [1], en partie par le mode d'exploitation duquel il résultait que les convois étaient moins fournis de voyageurs, car on s'inquiétait médiocrement alors, sur plusieurs des lignes anglaises, d'attirer les gens pauvres par le bas prix, et puis en multipliant beaucoup les convois on diminuait le nombre de voyageurs que chaque convoi avait à porter. C'est ainsi que le chemin de fer de Londres à Birmingham n'avait alors par convoi que 56 voyageurs en moyenne, pendant que les chemins de fer français et belges en comptaient une centaine.

[1] L'impôt en France est de 0 fr. 0026 par kilomètre, à peu près un quart de centime : il est en Angleterre de 0 fr. 0104.

Il est à remarquer aussi que cette évaluation des dépenses ne comprend rien pour le renouvellement de la voie (rails et traverses) : or après quelque temps les rails doivent être hors de service. M. Jullien n'était pas éloigné de croire que pour les chemins de fer cela devait élever prochainement la dépense par voyageur et par kilomètre de près d'un centime, et par conséquent par tonne de marchandise à petite vitesse, de près de 2 centimes. Je regarderais cependant cette supputation comme exagérée.

Dans ce prix coûtant, il n'est fait non plus aucune part pour l'intérêt du capital engagé dans l'entreprise ; il est pourtant parfaitement légitime à l'industrie privée de vouloir un dividende. On va voir jusqu'où la prise en considération de cet élément peut accroître les prix de transport. En supposant une compagnie qui aurait dépensé 507 millions de francs comme avait fait celle du Nord-Ouest en Angleterre dès 1847, et qui voudrait retirer un dividende de 5 pour 100 (elle donne davantage), il lui faudrait un bénéfice net de 25,350,000 fr. A cette époque, la circulation totale des voyageurs équivalait à 300 millions de personnes parcourant 1 kilomètre. En imputant au service des voyageurs les trois cinquièmes de l'intérêt à distribuer, on trouve qu'il y avait lieu d'en attendre, par delà les frais, une somme de 15,210,000 fr., soit 5 centimes par voyageur et par kilomètre. Si le chemin avait été construit dans un style plus économique, comme les chemins de fer américains, de manière à coûter 100,000 fr. seulement par kilomètre, au lieu de plus de 700,000, la somme à percevoir pour le dividende n'eût été que de $\frac{7}{10}$ de centime, au lieu de 5 centimes.

Enfin, dans les pays comme la France où les compagnies de chemins de fer doivent être dépossédées au bout d'un certain temps, il faut que pendant la durée de la concession le capital engagé soit amorti. L'annuité requise pour l'amortissement est, au reste, une somme fort bornée, lorsque la durée de la concession approche d'un siècle.

Sous toutes ces réserves expresses, les quotités précédentes des frais de transport à 1 kilomètre pour une personne, pour une tonne de marchandise à grande vitesse, et pour une tonne à petite vitesse, indiquaient, à l'époque où raisonnait M. Jullien, des limites au-dessous desquelles le système d'exploitation alors adopté étant supposé immuable, il ne fallait pas songer à baisser les prix des services que rendent les chemins de fer. Bien plus, il fallait désespérer d'en approcher, à cause des intérêts à servir : on vient d'en avoir la preuve pour le chemin de fer anglais du Nord-Ouest.

Tout ce que nous en disons pourtant n'était vrai, même pour cette époque-là, que sauf des exceptions dont nous citerons des exemples. *Premier exemple :* le calcul à l'aide duquel M. Jullien établit qu'un voyageur moyen coûte de 2 1/2 à 3 centimes, suppose un certain nombre de voyageurs par convoi. Si l'on est dans le voisinage d'une cité très populeuse, et qu'on ait la chance d'augmenter le nombre des voyageurs sans augmen-

tation de frais, en faisant remplir des places qui ailleurs demeurent vides, le prix de revient d'un
voyageur transporté à 1 kilomètre sera réduit proportionnellement. La même circonstance du voisinage d'une très grande ville permettant de multiplier utilement les convois, diminue d'autant la
part correspondante des frais généraux. Aussi l'on
sait que sur les chemins de fer qui aboutissent aux
capitales, les prix des places sont moindres. *Autre
exemple :* Avec une marchandise telle que la
houille, qui dans certaines directions se présente en
grandes masses, certaines compagnies de chemins
de fer sont assurées d'avoir des chargements complets. Or le calcul précédent, relatif aux frais de
transport d'une tonne de marchandise à petite vitesse par kilomètre, suppose des convois qui, moyen-
nement, n'aient qu'une partie de leur chargement.
Le transport de la houille offre donc, dans l'hypothèse qu'il s'en présente des masses, un avantage exceptionnel ; ainsi pour cette marchandise
il était possible de se rapprocher davantage de
la limite précédemment indiquée de 5 à 6 centimes par tonne. Il se pouvait même qu'on allât
jusqu'à cette limite et qu'on la dépassât. On en
avait déjà la preuve par la pratique de quelques
compagnies.

L'analyse qu'a tracée M. Jullien a été faite
aussi par des publicistes et des administrateurs
qui se proposaient de résoudre ou d'élucider diverses questions d'économie sociale relatives aux
chemins de fer. En Angleterre, les personnes qui
s'y sont livrées en ont conclu que les chemins de
fer anglais étaient exploités d'une manière très

peu conforme à l'intérêt public. C'est dans cette pensée qu'a été écrite une brochure qui fut publiée en 1843 à Londres, et qui produisit une certaine sensation. Elle a pour titre, *Railway reform*. L'auteur montrait comment il y avait une immense force perdue à transporter des voitures vides, pendant que de pauvres gens cheminaient péniblement à pied à côté de la voie. Il disait qu'en attirant par des prix réduits les voyageurs qui trouvent aujourd'hui les chemins de fer au-dessus de leur portée, on remplirait les voitures et aussi les caisses des compagnies. Le comité administratif, chargé en Angleterre de la surveillance des compagnies, avait déjà émis la même pensée. M. Jullien cite ce passage du rapport de ce comité, sur l'exercice 1843. « Il n'en coûterait pas davantage à la compagnie du chemin de Birmingham de transporter, par le même convoi, 240 personnes au lieu de 60. Alors les frais n'étant plus que du quart et la quote-part à fournir par les voyageurs pour le dividende des actionnaires étant répartie sur quatre têtes au lieu d'une, le prix des places pourrait être abaissé dans une très forte proportion. »

L'auteur de *Railway reform* concluait que l'État devait racheter les chemins de fer et les exploiter comme le gouvernement belge, à prix réduits. Cette conclusion était forcée. Le gouvernement anglais aurait eu tort de s'emparer des chemins en les rachetant d'autorité. C'eût été une atteinte très sérieuse à l'esprit d'association, qui est une des forces vitales de la société anglaise. C'eût été une attaque contre la liberté de l'industrie, qui est un des attributs indispensables de la civilisation moderne. Jusque-là, dans les chemins de fer, les administrateurs s'étaient mépris, la liberté de l'industrie avait fait un écart. Ce n'était pas une raison pour exercer envers les compagnies des violences, et pour entraver systématiquement la liberté de l'industrie, en matière de chemins de fer. Les associations étaient accessibles à la raison. La liberté de l'industrie portait en elle-même, le temps aidant, le remède à ses propres excès.

La vraie conclusion à tirer des faits dont on se plaignait justement était que les compagnies devaient ouvrir les yeux sur leur véritable intérêt et voir qu'il n'était pas, à beaucoup près, autant qu'elles le pensaient, en désaccord avec l'intérêt public, qui voulait le bon marché. Depuis 1843, en effet, les compagnies anglaises ont reconnu cette vérité caractéristique de notre époque, et à laquelle les Anglais rendent un éclatant hommage par le genre de fabrication qu'ils préfèrent dans leurs manufactures, que la source des plus grands profits git dans les masses. L'esprit inventeur des mécaniciens a puissamment aidé les compagnies à mettre en œuvre ce principe par les combinaisons nouvelles imaginées pour les locomotives et pour le reste du matériel, combinaisons qui se résolvent en une grande économie. En Angleterre, depuis 1843, on l'a vu plus haut, un grand changement s'est opéré dans les tarifs des chemins de fer pour les voyageurs, et dans l'esprit même qui préside à ce service. Sur le continent et en Angleterre, depuis 1843, la plupart des administrations des chemins de fer ont transformé aussi leur service des marchandises. On a recherché la quantité par l'abaissement des prix. L'exploitation des chemins de fer est devenue de tout point plus favorable à la classe la plus nombreuse. Elle tend à le devenir davantage chaque jour.

Ainsi les prix minima de transport qu'on pouvait déduire des calculs de M. Jullien sont déjà sensiblement modifiés aujourd'hui. Ils le sont plus pour les voyageurs que pour les marchandises; parmi celles-ci, ils le sont spécialement, comme on peut le pressentir d'après ce qui a été dit, pour les marchandises pondéreuses, lorsqu'on peut en avoir un chargement complet, et qu'elles font un trajet à peu près fixe et d'une certaine étendue. La houille est le type le plus parfait de cette classe.

La plupart des compagnies de chemins de fer, en Angleterre, transportent la houille à un prix qui ne dépasse pas $6\frac{4}{10}$ de centimes par tonne et par kilomètre. « C'est à ce prix, dit M. Teisserenc, que les chemins si prospères de Londres à Birmingham, à Liverpool et à Manchester, de Manchester à Leeds, de Midland voiturent les houilles, les minerais, les engrais. C'est à ce même taux que s'obtient la majeure partie du revenu des lignes de Newcastle et de Maryport à Carlisle [1]. » Lorsque le parlement a constitué en 1846 la grande compagnie du Nord-Ouest, par la fusion de plusieurs autres, il lui a imposé un tarif réduit qui, pour la houille et le coke, n'est que 5 centimes et demi

---

[1] *Études sur les voies de communication perfectionnées*, p. 324. Voir aussi p. 637, 639 et 640.

par tonne et par kilom. dès qu'il s'agit d'un parcours de plus de 80 kilom. [1].

Mais ce n'est pas tout : le même auteur fait remarquer qu'*un bon nombre* de compagnies se contentent de prix moindres, notablement moindres quelquefois ; que ce sont des compagnies qui prospèrent et qui sont presque uniquement alimentées par le transport des combustibles minéraux, entre autres celle de Darlington, qui distribue à ses actionnaires des dividendes de 14 pour 100. Il est vrai que la plupart des compagnies de cette catégorie ne font ces très bas prix qu'aux expéditeurs dont les charbons sont destinés à l'exportation, mais quelqu's-unes les accordent indistinctement. Or les tarifs de neuf compagnies que cite M. Teisserenc sont compris entre 3 centimes à 4 1/2. Il y en a même une qui se contente d'*un centime et demi*[2]. Il faut dire aussi que ces tarifs laissent en dehors, à la charge des expéditeurs, le soin de se pourvoir de wagons et de les entretenir, l'embarquement et le débarquement ; mais, avec un système économique, tout cela ne coûterait pas plus d'un centime et quart par tonne et par kilomètre, en supposant un parcours de 150 kilomètres [3].

[1] Voir ce tarif dans l'ouvrage de M. Teisserenc, p. 637.

[2] C'est celle dont le chemin s'appelle le *Grand chemin du nord (Great north)*. Elle ne fait cette faveur que lorsque la quantité totale est de plus de 80,000 tonnes. Or, en 1816, il en a été expédié 310,000.

[3] Pour les wagons et l'embarquement, M. Teisserenc compte 0 fr. 0095; disons 1 centime.

Ces calculs relatifs à quelques chemins de fer, ces faits constatés sur quelques autres, disent ce qu'on peut espérer de rendre général dans un avenir qui est prochain pour certains cas, mais aussi qui est éloigné pour d'autres. Car ce ne sont pas de ces résultats qui s'accomplissent d'un tour de main. Parce qu'un chemin de fer dépensera pour le transport de 60 voyageurs la même somme à peu près qu'il faudrait pour 240, ou parce qu'il ne doit pas lui en coûter beaucoup plus pour voiturer quatre tonnes de marchandise qu'il ne lui en coûte aujourd'hui pour une seule, ce n'est pas à dire que la compagnie pourra, sans subir un grand préjudice, abaisser dès aujourd'hui son tarif des trois quarts. Il y a une condition *sine quâ non* pour qu'elle ne gâte pas ses affaires en agissant ainsi; c'est qu'il lui vienne, à point nommé, pour les mêmes convois, quatre voyageurs pour un, quatre tonnes de marchandise pour une, lorsqu'elle aura abaissé son tarif. Or il n'existe peut-être pas un seul cas où la circulation dût s'accroître dans une aussi forte proportion par le fait seul de la baissé des prix.

On peut en indiquer même où l'accroissement de la circulation serait à peu près nul. En 1835, j'ai vu, en Virginie, un chemin de fer, celui de Petersburg au Roanoke, qui prospérait avec un mouvement annuel de 21,000 voyageurs et de 20,000 tonnes de marchandise : il donnait des dividendes de 6 pour 100. Les voyageurs payaient 17 centimes, et la tonne de marchandises 27 centimes par kilomètre. C'est un chemin de 96 kilomètres qui sert au transit entre la vallée du

Roanoke et celle du James-River. Le pays qu'il traverse étant un désert, la baisse des prix, eût-elle été des trois quarts, n'eût pas développé la circulation locale. Cette même baisse n'eût pas été un motif suffisant pour provoquer une plus grande quantité d'échanges entre la vallée du Roanoke et celle du James - River, parce que le trajet de l'une à l'autre ne formait qu'une faible partie du trajet entier que subissaient les marchandises. Enfin, la quantité des échanges restant la même, le transit des personnes ne devait pas croître non plus. Pour prendre un cas idéal, supposons qu'on fasse un chemin de fer chez les Esquimaux ou chez les Papous ; que le tarif soit haut ou qu'il soit bas, n'importe, on n'aura ni voyageurs ni marchandises, parce que ces tribus dégradées sont sans industrie et sans ressources, ne pensent pas à voyager et n'en ont pas les moyens. Sans aller chercher les Esquimaux et les Papous, un pays où la population serait attachée à la glèbe, comme le sont encore quelques parties de l'Europe orientale, ou bien un pays où la masse serait esclave comme elle l'était dans les Antilles il y a peu d'années, n'offrirait pas grande chance pour l'accroissement du nombre des voyageurs, quand on abaisserait, même de beaucoup, le prix des places. On voit par là que, pour qu'un abaissement du tarif d'un chemin de fer ait l'effet d'augmenter le mouvement, il faut qu'on soit dans une contrée où la constitution sociale soit telle que la classe qui peut se déplacer, qui en a le goût et les moyens, soit nombreuse, où une production considérable puisse verser sur les voies de communication beaucoup d'objets à transporter. En un mot, l'hypothèse qu'une forte réduction des prix amènera sur les chemins de fer un grand supplément de voyageurs et de marchandises n'est plausible qu'autant qu'il existe beaucoup de population et d'industrie, ou, pour dire la même chose autrement, beaucoup d'habitants et beaucoup de capitaux. Si, en effet, il n'existait pas beaucoup de personnes en position de se mouvoir, en dehors de celles qui fréquentent le chemin de fer avec un système de prix élevés, et beaucoup de marchandises attendant un débouché, ou, du moins, si l'on n'avait pas les moyens de produire ces marchandises, comment le chemin de fer, en abaissant les prix, pourrait-il agrandir considérablement sa clientèle ?

Pour préciser davantage, le succès du système des bas tarifs sur les chemins de fer exige comme conditions absolues, non-seulement une population nombreuse, mais encore une population animée de cet esprit d'initiative qui est un des attributs de la liberté; non-seulement l'existence de grands capitaux dans la société, mais encore une répartition de la richesse qui ouvre à beaucoup de monde l'accès d'un certain bien-être.

Qu'est-ce à dire, sinon que les chemins de fer ne pouvaient bien réussir et se répandre chez les divers peuples avant l'époque où nous vivons ? L'invention même de la locomotive ou du moins la faculté de la construire ne pouvaient être avant notre époque; bien plus, le chemin de fer suppose à la société cette manière d'être qui est celle de notre temps. C'est une juste observation de M. Stucklé, que la création des chemins de fer est un de ces faits dont l'accomplissement nous était réservé, une de ces innovations qui prospèrent parce que le siècle qui les met au jour est apte à les appliquer, et dont la propagation ne devient possible que parce que les populations sont parvenues, par la marche progressive de la civilisation, à réaliser un certain nombre de conditions exigées [1].

On aperçoit déjà, par ce qui précède, que la question des chargements complets a une liaison étroite avec celle des bas tarifs. On le verra mieux encore par ce qui suit. La considération des chargements complets est une de celles dont le législateur devrait être le plus préoccupé quand il réglemente les chemins de fer. A cet effet, quand il tire les différents maxima du tarif qui répondent aux diverses manières d'être du transport des marchandises, il faudrait qu'il abaissât ces maxima en raison du délai que l'expéditeur accordera à la compagnie. Le législateur a omis, en France, toute clause de ce genre, dans la rédaction des cahiers des charges, et c'est une omission regrettable.

§ VII. PARALLÈLE ENTRE LES CHEMINS DE FER ET LES CANAUX.

Vive controverse qui a eu lieu en France à ce sujet ; conclusion qu'il en faut tirer.

En France, la question de savoir jusqu'où peut aller le bas prix des services rendus par les che-

[1] *Voies de communications des États-Unis,* p. 307.

mins de fer a été discutée à fond sous une forme particulière : on s'est demandé si les chemins de fer pouvaient suppléer les canaux en transportant à aussi bon marché. De là beaucoup d'écrits intéressants. Les deux personnes qui ont pris le plus de part à cette discussion sont M. Collignon qui tient pour les canaux, et M. Teisserenc qui opine pour la supériorité absolue des chemins de fer. Leurs publications sont fort remarquables [1]. Voilà les idées auxquelles ce débat me semble conduire les bons esprits :

Les frais du transport des marchandises sur les chemins de fer peuvent se réduire à peu près aux frais de traction, au moins pour quelques catégories de marchandises, lorsque le chemin est grandement fréquenté par les voyageurs; parce qu'alors les frais généraux et les frais d'entretien de la voie, tout élevés qu'ils sont en comparaison des frais analogues sur les canaux, peuvent être mis au compte des voyageurs, et la majeure partie de ce qu'il faut pour le service des intérêts aussi. C'est un mode de calcul que les administrations de chemins de fer peuvent adopter tout au moins pour quelques marchandises.

Mais si comme le gouvernement belge on veut absolument que le public voyage à bon marché, on est dans l'impossibilité de transférer ces dépenses du compte des marchandises à celui des voyageurs, et alors le prix du transport des mar-

---

[1] Le principal écrit de M. Collignon a pour titre : *Du concours des canaux et des chemins de fer.* Celui de M. Teisserenc est le volume intitulé : *Études sur les voies de communication perfectionnées.*

chandises ne peut descendre au-dessous d'un minimum, passablement élevé en comparaison de
ce qui serait possible si l'on opérait autrement à
l'égard des voyageurs. Ainsi en Belgique, sur les
chemins de fer de l'État il est perçu, en moyenne,
sur les grosses marchandises qui marchent à
petite vitesse, 8 centimes 1/2 par tonne et par
kilom. Les frais d'exploitation qui leur sont imputés ne font pourtant que 3 centimes 1/2 environ, mais sans rien compter pour l'intérêt du
capital engagé. Le bénéfice net du chemin de fer,
pour lequel on se contente pourtant de moins de
4 pour 100, est mis forcément, pour une assez
forte part, à la charge des marchandises. Pour
l'exercice 1845, dont j'ai le compte détaillé sous
les yeux, on n'a pourtant demandé et obtenu du
service des marchandises que les quatre dixièmes
de la somme nécessaire pour parfaire ce modique
intérêt.

Les frais de traction des marchandises sont très
modérés sur les chemins de fer du moment qu'on
a le moyen d'arranger les convois, ou une certaine
catégorie de convois, de manière à ce que le chargement y soit complet.

C'est ainsi que plusieurs compagnies anglaises
ont pu transporter la houille, la pierre et le plâtre
à des conditions aussi modiques, plus modiques
que les canaux autrefois. C'est ainsi que la compagnie française du Nord voiture la houille à bas
prix, 5 centimes par tonne et par kilomètre[1], et

---

[1] Les frais de chargement et de déchargement non
compris. La compagnie les fait payer à part 1 fr. réunis.

que celles de Paris à Rouen et au Hàvre, et celle de Paris à Orléans charrient le plâtre à vil prix, les deux premières surtout. On arrive jusqu'à un certain point au même résultat en complétant les convois de voyageurs par des marchandises, c'est ce qui a lieu sur le chemin de fer belge et sur le chemin d'Alsace. Ces marchandises alors attendent un peu pour partir, et aussi, afin de les charger dans les stations intermédiaires, on fait attendre les convois. On obtient la même économie avec les convois exclusivement composés de marchandises en prenant un certain délai, quelques jours pour les livrer, au lieu de s'engager à les transporter immédiatement.

La compagnie américaine de Philadelphie à Mount-Carbon pourrait faire une concurrence plus redoutable encore au canal du Schuylkill pour le transport du charbon, si elle avait un service important de voyageurs. Cependant, même avec un nombre de voyageurs très limité (M. Stucklé cite pour l'année 1844 le nombre de 66,503, qui est bien faible pour une ligne de 150 kilom.), elle a pu ravir au canal la majeure partie des transports, grâce, il est vrai, à la disposition particulièrement favorable de ses pentes[1], et grâce aussi à ce que le canal est fermé par la gelée pendant cinq mois de l'année.

La plupart des compagnies américaines de

---

[1] Sur ce chemin, les convois venant des mines de charbon à Philadelphie vont constamment en descendant, et ces pentes descendantes sont assez douces pour qu'on remorque facilement les wagons vides de Philadelphie au district des mines.

chemins de fer n'ayant pas une grande quantité de voyageurs à transporter, ce qui leur interdit de mettre les frais généraux, les frais d'entretien, ainsi que la majeure partie des intérêts du capital, à la charge du service des voyageurs, et n'ayant pas non plus, à beaucoup près, l'assurance de forts convois de marchandises, ne peuvent transporter celles-ci que chèrement ; c'est ce qui explique l'élévation du tarif des marchandises sur la plupart des chemins de fer des États-Unis.

Il y a une illusion dont il faut se garer quand on suppute les mérites des canaux sous le rapport du bon marché, en France du moins. Ce bon marché paraît plus marqué qu'il ne l'est réellement, parce que l'Etat a renoncé chez nous à retirer de ses canaux l'intérêt du capital qui y a été consacré. Ainsi dégrevés, il n'est pas surprenant qu'ils semblent offrir de l'avantage par rapport aux chemins de fer où ce dégrèvement n'existe pas. Il faut aussi tenir compte de ce que, sur les lignes qui sont en concurrence avec les chemins de fer, les bateliers se sont réduits à la plus modeste pitance; les prix qu'ils reçoivent ne sont pas des prix normaux, pas plus que, dans l'industrie cotonnière, le salaire des tisserands à la main, en Angleterre, n'est un salaire normal, je veux dire en rapport avec le taux habituel des rétributions dans le pays.

On dit que le fret sur les canaux est aussi bas que 1 centime et demi par tonne et par kilom. Je crois ce chiffre exact dans un certain nombre de cas, mais non pas toujours à beaucoup près, car il suppose que le canal soit à grande section comme le canal du Midi, qu'il soit en parfait état, ce qui n'arrive pas toujours, certes, en France, que le tirant d'eau y soit régulier, que la marchandise à transporter soit comme la houille et le plâtre qui n'exigent aucun soin, et enfin qu'il s'agisse d'un long trajet. C'est un des points qu'a le mieux établis M. Teisserenc, que pour les courts trajets les bateliers se font payer plus cher[1].

Ce prix même d'environ 1 centime et demi par tonne et par kilom. laisse en dehors quelques frais tels que l'assurance. Si on y ajoute trois articles qui doivent être imputés à la voie d'eau, et qui constituent autant de désavantages par rapport au chemin de fer, à savoir : 1° l'allongement du parcours qu'imposent la plupart des voies d'eau ; 2° l'intérêt perdu pendant la durée du voyage qui est bien plus longue; 3° le coulage, les avaries, la part que se font sans façon les bateliers sur le charbon qu'ils transportent, pour leur chauffage, sur le vin pour leur buvette, on trouve que le canal et le chemin de fer sont bien au pair pour le montant des frais de transport qui rentrent nécessairement dans la traction.

Et en effet, si, au lieu de ce prix d'un centime et demi qui est un minimum, on prend le prix habituel des canaux où la concurrence est la plus active, comme la ligne de Paris à Valenciennes et à Mons, on est déjà à 2 centimes 1/2 au moins, sur beaucoup de lignes à 3 centimes, et cela sur des marchandises du genre de la houille et du plâtre; sur les articles ordinaires du commerce ce

---

[1] *Études sur les voies de communication perfectionnées.* II° partie, chapitre II.

serait 5 centimes. Que l'on y joigne le surplus à payer sur les canaux pour excès de longueurs à parcourir, et les faux frais de coulage, d'avarie, de pertes d'intérêt, on trouvera que, pour comparer les frais du transport sur les chemins de fer et sur les canaux, ce n'est pas 1 centime et demi qu'il faut considérer comme le prix normal répondant à ceux-ci, mais bien plutôt, pour la houille même, quelque chose comme 3 1/2, 4 ou même 5 centimes, par-dessus quoi il faudra compter le péage qui, s'il doit reproduire l'intérêt du capital engagé, sera, pour cet article, d'au moins 2 centimes. On arriverait ainsi à un total de 5, 6 ou même 7 centimes pour les marchandises pondéreuses sur les canaux.

Or, nous l'avons vu plus haut, § VI, c'est chose aujourd'hui commune que de voir les chemins de fer transporter la houille et les objets analogues, chargement et déchargement compris, sur le pied de moins de 6 ou 7 centimes et descendre jusqu'à 5. Nous avons dit ce que font les compagnies anglaises. Chez nous, la compagnie du Nord qui la transporte de Mons et de Valenciennes à Paris à raison de 6 centimes [1], n'a pas dit son dernier mot. Il résulte de comptes de cette compagnie, qu'en ce moment de Quiévrain (village frontière) à Paris, pour un trajet de 288 kilom., la traction d'un convoi de houille composé de 30 wagons contenant 180 tonnes de ce combustible lui revient, y compris l'entretien tant de la loco-

---

[1] Avec le chargement et le déchargement qui, pour cet article, sont comptés à part, c'est moins de 3 centimes et demi.

motive que des wagons, à 959 fr., soit, par tonne et par kilomètre, 1 centime $\frac{188}{100}$, disons 2 centimes, et avec le retour à vide, qu'il faut subir souvent [1], 3. Mais cette compagnie va avoir des machines assez fortes pour trainer le double avec les mêmes frais, à peu près, ce qui mettra la traction à 1 centime, et avec le retour à vide à moins de 2. Tout ce qu'elle percevra dès lors par delà 2 centimes viendra en déduction de ses frais généraux ou sera du bénéfice. Il est connu des personnes qui sont au courant de l'administration des chemins de fer que la somme indiquée ici comme représentant les frais de traction sur le chemin de fer du Nord n'a rien d'exceptionnel. Un chemin où le maximum des pentes serait de moins de 5 millimètres par mètre (telles sont celles du chemin du Nord) pourrait avoir des convois de plus de 350 tonnes de houille.

Aux États-Unis, la rivalité existe entre les chemins de fer et les canaux pour le transport du charbon; l'exemple le plus remarquable qu'on en puisse citer est celui que nous avons mentionné déjà, mais sur lequel il convient d'insister, du chemin de fer de Philadelphie à Mount-Carbon et du canal du Schuylkill. Ici les circonstances sont autant que possible défavorables au chemin de fer. Il est presque réduit au transport de charbon, et par conséquent il est privé de la ressource de

[1] Pour l'éviter, la compagnie du Nord et les compagnies d'Orléans, de Rouen, etc., acceptent quelques transports, comme celui du plâtre et de la pierre à bâtir, à des prix moindres encore que celui de la houille.

rejeter les frais généraux et la majeure partie des dividendes sur les autres branches du service [1].

Enfin, en comparaison des autres chemins de fer des États-Unis, il a coûté assez cher ; au contraire, le canal du Schuylkill n'a donné lieu qu'à une dépense médiocre ; il est presque constamment en lit de rivière, car c'est plutôt la canalisation de la rivière du Schuylkill qu'un canal creusé de main d'homme. Le chemin de fer a cependant dépossédé le canal de la majeure partie du transport du charbon. En 1842, le chemin de fer, alors à son début, n'avait eu que 49,290 tonnes de charbon contre 491,602 qui avaient été confiées au canal. En 1844, il en obtenait 441,491 tonnes et le canal était réduit à 398,445. Pendant le 1er semestre de 1845, la part du canal n'a été que de 91,444 tonnes, tandis que celle du chemin de fer était de 833,376. Le prix du chemin de fer était de 4 centimes 6/10 par tonne et par kilomètre, et à ce compte il faisait des bénéfices, les frais n'étant que de 1 centime 7/10. Le produit net du chemin était 363,419 doll., c'est-à-dire de 60 pour 100 de la recette brute ; il y aurait pourtant eu à en déduire quelque chose pour l'entretien de la voie. La compagnie du chemin de fer espérait améliorer encore sa position par l'emploi de locomotives plus fortes et de wagons en fer. La force de ses locomotives combinée

---

[1] Pendant l'exercice 1844, la recette totale du chemin de fer a été de 597,613 dollars ; sur quoi les voyageurs, le service des dépêches, et les marchandises autres que le charbon n'ont rendu que le quart, exactement 149,103 dollar (Stucklé, page 294).

avec l'heureuse distribution que l'habile ingénieur du chemin, M. Moncure Robinson, avait faite des pentes, était déjà telle cependant que chaque convoi portait en moyenne ?50 tonnes de charbon. ·

De son côté, le canal ne se tenait pas encore pour définitivement battu. On en élargissait et approfondissait le lit, afin de diminuer les frais de traction. A l'époque où M. Stucklé visita la Pensylvanie, on s'apprêtait à essayer la vapeur comme force motrice sur ce canal, au moyen d'hélices; on devait conduire ainsi les bateaux chargés de charbon, non-seulement jusqu'à Philadelphie, mais jusqu'à New-York en profitant du beau canal de la Delaware au Raritan. On se flattait de n'avoir que 3 fr. 27 c. de fret, des mines, à New-York pour un trajet de 358 kilom., soit 91 centièmes de centime seulement par kilomètre. Ce mode de navigation était déjà établi sur la ligne de Saint-Jean (Canada) à New-York, par le lac Champlain, le canal Champlain et le fleuve Hudson, et on affirmait qu'il réussissait [1]. Je n'ai pas connu les conséquences de cette tentative sur le Schuylkill. Si elle avait eu un plein succès, il est à croire qu'elle eût traversé l'Atlantique depuis 1846. Quelle qu'en ait été l'issue, il reste que les chemins de fer serrent de très près les canaux pour le transport même des marchandises les plus pondéreuses qu'on prétendait être nécessairement du domaine de ceux-ci.

La comparaison des canaux et des chemins de fer suppose la mise en balance de plusieurs élé-

____

[1] Stucklé, page 301.

ments dont l'importance est variable dans chaque cas particulier; il faut savoir ce que coûte le charbon, quels sont les frais généraux, quelle part de revenu l'on peut raisonnablement demander au service des voyageurs et à celui des marchandises à grande vitesse; à plus forte raison faut-il être fixé sur le montant des frais de premier établissement, car c'est ce qui détermine le montant de la somme qu'on doit s'efforcer de retirer pour avoir un revenu net convenable. Dans chaque cas particulier il convient d'attribuer à chacun de ces éléments divers le coefficient d'importance qui lui est propre. Le résultat varie ainsi selon les cas; toutefois il est impossible de ne pas reconnaître que, dans le plus grand nombre de cas, à l'égard des marchandises pondéreuses, dès qu'elles se présentent en notable quantité, le chemin de fer est au moins l'égal de la voie navigable.

La possibilité qu'offre le chemin de fer de reporter la majeure partie des frais généraux sur le service des voyageurs et sur celui des marchandises à grande vitesse, et de se contenter pour les marchandises ordinaires, ou au moins pour quelques-unes, d'un modique bénéfice, doit donner, on le conçoit aisément, dans un grand nombre de cas, la supériorité au chemin de fer pour le bas prix à offrir au commerce en ce qui concerne les marchandises ordinaires ou certaines catégories d'entre elles.

A ces considérations on objecte que les chemins de fer coûtant beaucoup plus que les canaux, et ayant par conséquent une plus forte somme à servir pour les intérêts, sont tenus de demander à l'ensemble de ce qu'ils transportent, hommes et choses, un péage beaucoup plus considérable, si bien que, même en dégageant les marchandises ou telle partie d'entre elles d'une partie de la charge qui, proportionnellement, leur incomberait à titre d'intérêts à distribuer, il devra leur rester encore à supporter autant que sur les canaux. L'objection est pleine de force dans certains cas, qu'on pourrait choisir parmi ceux qui sont du domaine du passé, mais elle en a beaucoup moins à l'égard de bien d'autres ; elle en a très peu pour ce qui est de l'avenir. Il est vrai que les chemins de fer, en France et en Angleterre surtout, ont coûté beaucoup plus que les canaux ; mais d'une part on aurait pu établir les chemins de fer existants à moins de frais, et on peut s'amender pour ceux qui restent à construire de manière à en diminuer très notablement la dépense. D'une autre part, pour que la comparaison générale entre les chemins de fer et les canaux soit juste, il faut supposer que les derniers aussi bien que les premiers soient à construire, car enfin l'utilité de ce parallèle est d'éclairer les administrateurs ou les corps politiques, qui, ayant une nouvelle voie de communication à établir, rechercheraient lequel est préférable d'un canal ou d'un chemin de fer. Or, si l'on se met en face de cette hypothèse, on reconnaît qu'il n'y aurait pas une bien grande différence entre les frais de construction de l'un et de l'autre. Les canaux anciens, exécutés à une époque où la main-d'œuvre était à bas prix, ne donnent pas une juste idée de ce que coûterait aujourd'hui un canal. Que l'on compare la dépense à laquelle donnent lieu présentement les canaux de la Marne au Rhin et latéral à la Garonne, avec la somme à laquelle pourrait raisonnablement se ramener la dépense d'un chemin de fer, on verra que l'un excède l'autre de peu. Les États-Unis, où l'on a exécuté simultanément beaucoup de canaux et de chemins de fer, fournissent un excellent terme de comparaison. Or, à peu de chose près, les frais de construction d'un canal sont aux États-Unis les mêmes que ceux d'un chemin de fer. En 1842, les recherches que j'ai faites et que j'ai consignées en détail dans l'*Histoire et description des voies de communication aux États-Unis*[1], m'ont conduit à la somme de 101,000 fr. pour le canal, 111,000 fr. pour le chemin de fer. Bien plus, M. Stucklé, qui est venu après moi, a recommencé ce calcul et il y a compris toutes les lignes achevées ou en cours d'exécution (c'était alors un total de 6,381 kilomètres de canaux, et 9,946 kilomètres de chemins de fer), tandis que je m'étais borné à ce qui était livré à la circulation, et à cette partie seulement sur laquelle j'avais pu avoir des renseignements bien positifs[2]. M. Stucklé a trouvé ainsi que le kilomètre de chemin de fer ne revenait aux États-Unis qu'à 83,000 fr.[3], pendant

[1] Tome II, page 548.

[2] Mon calcul embrassait 3,816 kilomètres de canaux et 2,783 kilomètres de chemins de fer.

[3] *Voies de communication aux États-Unis*, p. 109. Je supposerais que M. Stucklé a embrassé dans son calcul des chemins de fer de service non fréquentés

que le kilomètre de canal coûtait 115,500 fr. [1].

Et comme le chemin de fer, par la célérité pour les personnes et pour les articles de messageries, offre une supériorité extraordinaire, il est permis de conclure, en thèse générale, que presque toujours, lorsqu'on se propose d'établir à nouveau une voie de communication perfectionnée, il vaut mieux un chemin de fer qu'un canal; la conclusion contraire n'est admissible que pour des exceptions tout à fait rares.

A part la navigation maritime qui, dès qu'il s'agit de longs trajets, est d'un bon marché incomparable, il n'y a qu'une sorte de navigation qui puisse l'emporter sur le chemin de fer, c'est celle des fleuves. Quand les fleuves ont un tirant d'eau convenable, je veux dire d'au moins $1^m,30$ à $1^m,50$, de manière à recevoir des bateaux pesamment chargés et pour la remonte de forts remorqueurs, ils sont d'un parcours facile et économique pour les marchandises; ils le sont encore plus pour les voyageurs lorsqu'on s'y aide de la vapeur. Mais ces voies navigables, ce n'est pas l'homme qui les crée, c'est la Providence qui nous les donne gratis ou à peu près. Dès lors, il n'y a pas lieu d'y percevoir un péage notable, et la suppression du péage leur assure ou peut leur assurer la supériorité en fait de bon marché. Ainsi, aux États-Unis il n'y a pas de chemin de fer non plus que de canal qui

par les locomotives, ou que, pour certains chemins de fer en construction, il aura adopté les chiffres des devis; ces deux causes auront abaissé plus que de raison l'évaluation de la dépense des chemins de fer.

[1] *Ibid.*, page 99.

puisse, pour ce qui est du bon marché, lutter contre le Mississipi, l'Ohio, l'Hudson et bien d'autres fleuves. Je citerai de même le Nil, le Rhin inférieur, le Danube, à la condition de quelques améliorations.

Ainsi, à la descente par la vapeur, on rencontre sur les fleuves des prix de 2 centimes par tonne et par kilomètre et même de 1 centime 1/2 pour les longs trajets. C'est le cas sur la Seine et à plus forte raison sur l'Ohio et le Mississipi ; sur ces derniers, j'ai trouvé en 1834, le prix de 1 centime à 1 1/4 pour de grandes distances telles que celles de Cincinnati ou de Louisville à la Nouvelle-Orléans. On me dit même que la concurrence, en cela au surplus excessive, avait quelquefois fait toucher le prix jusqu'à 1/2 centime pour la farine en barils. A la remonte sur l'Ohio et le Mississipi, toujours pour les longs trajets, c'était de 2 centimes à 2 1/2. Sur l'Hudson, où l'on n'avait pas un très long trajet entre New-York et Albany (219 kilom.), les produits manufacturés, qui sont taxés plus que tout le reste, payaient alors 5 centimes 1/2. Depuis lors, ce prix a dû baisser. Sur les autres fleuves de l'Est, le prix est plus élevé. M. Stucklé dit qu'en 1846 c'était, quant à ces fleuves, de 10 à 45 centimes [1], et sur les grands lacs de 6 à 8, ce qui est moins que la moyenne des prix des chemins de fer aux États-Unis, moins que la moyenne des chemins de fer français qui, cependant, ont un moindre tarif que ceux de l'Amérique du Nord. Sur les fleuves de l'Ouest, cet observateur intelligent a trouvé les prix au même point que moi, à très peu près.

Quand la navigation est moins commode, soit parce que le courant est très vif, ce qui contrarie la remonte, soit parce que le chenal n'a pas partout la profondeur que réclament les grands chargements, les prix du transport sur les fleuves augmentent; on vient de le voir par les fleuves de l'est des États-Unis. Le Rhône, chez nous, en offre un exemple.

Sur le Rhône, en 1838, à la descente, on payait le transport en bateau à vapeur à peu près la moitié du prix du roulage ordinaire, soit 10 centimes par tonne et par kilom., et à la remonte moitié plus et même 20 centimes. Aujourd'hui, grâce aux remarquables perfectionnements qu'ont reçus les steamers, c'est notablement moins, surtout pour le trajet entier entre Lyon et Marseille. A la remonte entre ces deux villes, ce n'est plus que 7 centimes pour le plus grand nombre des articles, pour les plus communs; pour les autres, le prix va à 9 centimes. A ces conditions, le chemin de fer peut lutter en faisant des profits. Mais il n'est pas dit que les bateaux à vapeur du Rhône n'iront pas prochainement au-dessous de ces prix. Les progrès qu'ils ont éprouvés font présager des perfectionnements nouveaux.

A l'égard des voyageurs, les bateaux à vapeur offrent un avantage plus grand que pour les marchandises, et le bon marché alors n'est pas restreint à un petit nombre de fleuves privilégiés. C'est qu'un bateau chargé de voyageurs ne cale pas beaucoup d'eau. Tout le monde sait qu'aux abords des grands centres de population lorsqu'ils sont baignés par de beaux fleuves, on fait des trajets de

10, 15 et 30 lieues et plus pour très peu d'argent. Il n'est pas rare alors que le prix des places les plus fréquentes soit de 2 ou 3 centimes seulement par kilomètre, et qu'aux premières il soit de 5 à 6. Par l'Hudson, entre New-York et Albany, aux premières et uniques places, on paye communément 1 dollar; c'est moins de 2 centimes 1/2 par kilomètre. La concurrence a souvent mis les prix à la moitié. Il y a quelques années, on remarquait sur ce fleuve un bateau qui faisait les voyages de nuit, et qui était somptueusement aménagé, le *Diamant*. Le passage n'y était qu'à 1/2 dollar pour les voyageurs qui prenaient un lit, à 1/4 de dollar pour ceux qui se contentaient d'un siége. C'était donc pour ceux-ci 2/3 de centime, pour ceux-là 1 centime 1/4. Quand la rivière est profonde, on combine avantageusement, pour les longs trajets, le service des voyageurs avec celui des marchandises, si bien que, même avec une quantité médiocre de voyageurs, on peut tenir les prix des places à un niveau très modeste. Ainsi sur l'Ohio et le Mississipi, on paye, dans la cabine, nourriture et lit compris, entre Pittsburg, Cincinnati, ou Louisville et la Nouvelle-Orléans, de 6 à 7 centimes : les mariniers qui ont conduit les bateaux plats à la Nouvelle-Orléans remontent sur le pont, à raison de 1 centime à 1 1/2 ; ils ont à se nourrir eux-mêmes et ils couchent où ils peuvent.

Pour que les fleuves se signalent ainsi par le bon marché, au moins en ce qui concerne les marchandises, il faut que le mouvement soit plus grand à la descente qu'à la remonte, pour

peu que le courant soit rapide, ou bien qu'il s'a-
gisse de la partie, presque toujours restreinte, du
cours des fleuves où la marée se fait sentir. Une
autre condition qu'ils ont à remplir est celle d'un
cours peu sinueux. Car si le trajet y est trop allongé
par les détours, le chemin de fer peut prendre le
dessus, surtout si le principal mouvement est à la
remonte ; c'est ainsi que la Seine, entre Paris et
Rouen, malgré la modération de la pente, malgré
la profondeur qu'elle offre presque constamment,
est vaincue par le chemin de fer de Paris à Rouen.

Enfin, pour ce qui est des voyageurs, tous les
fleuves, sans exception, sont bien inférieurs aux
chemins de fer en fait de vitesse, dès qu'il faut
remonter. A la descente, on a des bateaux à vapeur qui vont à raison de 20, 25, 28 kilom. à
l'heure ; mais la remonte est toujours plus ou
moins lente. Comme on s'arrête la nuit sur la
plupart des fleuves, c'est une nouvelle cause de
lenteur, dès que le trajet est trop long pour ne
pas être accompli en une journée. Ainsi il faut
deux jours pour remonter d'Avignon à Lyon par le
Rhône ; avec un chemin de fer on irait en 6
heures, et le convoi *express* en 4 et demie.

Il y a d'autres raisons pour que, eux-mêmes, les
fleuves au lit profond, ceux qui se prêtent le
mieux à la navigation à vapeur, ne soient pas à
l'abri de la concurrence des chemins de fer, dès
que le besoin d'un service régulier et rapide pour
les voyageurs se fait vivement sentir. Ainsi, en
dépit des facilités peu communes que présente
le fleuve Hudson, entre New-York et Albany,
l'on construit maintenant un chemin de fer sur

ses rives. C'est que l'Hudson est gelé trois mois par an. Par le même motif, on verra un jour un chemin de fer se déployer le long de l'Ohio et du Haut-Mississipi. Ici ce sera la diminution extrême du tirant d'eau pendant l'étiage qui déterminera l'établissement d'un chemin de fer latéral; c'est ainsi qu'en ce moment se construit le chemin de fer d'Alexandrie au Caire. Là, ce sera la fréquence des brouillards; ailleurs, la débâcle des glaces ou l'élévation extrême qu'acquièrent les eaux pendant les crues et les périls qui s'en suivent pour les voyageurs et les marchandises.

Lorsqu'il y a un très grand mouvement à la descente, et lorsqu'on rencontre en outre deux autres circonstances, à savoir un long trajet et la possibilité de construire à peu de frais, dans le haut pays, des bateaux qu'on déchire une fois qu'on est parvenu au terme du voyage, de sorte qu'on soit dispensé de remonter ces véhicules, les fleuves peuvent, indépendamment du concours de la vapeur, offrir aux marchandises des prix de transport extrêmement réduits, impossibles aux chemins de fer. En Amérique, le Mississipi et l'Ohio, et chez nous la Loire, en offrent des exemples; mais là où ces circonstances favorables aux fleuves se rencontrent, il est bien rare qu'il n'y ait pas à côté quelque inconvénient du genre de ceux que j'ai cités, ou plus grave encore. On sait pour la Loire, par exemple, combien la navigation y est incertaine. Ce n'est que de la houille qu'on peut y risquer.

Tout considéré, si les chemins de fer étaient,

comme les fleuves, livrés au commerce gratuitement ou à peu près par l'État, de telle sorte que les entrepreneurs de transport n'eussent à y payer que les frais de traction, sans péage ou avec un péage d'une fraction de centime, comme celui qui est perçu sur les fleuves de la France, il est à croire que dans la plupart des cas, et pour la grande majorité des articles, ils mériteraient et ils auraient la préférence sur les fleuves eux-mêmes. Nous croyons que ce qui précède le montre déjà ; mais il est facile d'en donner une autre preuve. On a vu que, sur le continent européen, un convoi de chemin de fer donne lieu, tout compris, sauf l'intérêt du capital engagé dans la construction du chemin, à une somme de frais qui par kilomètre, était, il y a dix ans, de 3 fr., et aujourd'hui ne serait guère que de 2 fr. 50 c. Avec cette dépense, on peut voiturer autant de voyageurs qu'en peut recevoir quelque bateau à vapeur que ce soit ; et, quant aux marchandises, on peut en remorquer jusqu'à 150 et 200 tonnes, et même, si le chemin remplit certaines conditions relativement aux pentes, jusqu'à 500. Or quels sont les frais des bateaux à vapeur par kilomètre parcouru ? M. Teisserenc, qui s'est donné beaucoup de peine pour les connaître, dit [1] que sur la Saône, qui est la plus commode des rivières, ces frais sont :

Pour les bateaux de voyageurs, de. . . . . .   2 fr. 57 c.
Sur la même rivière, un bateau à vapeur re-

---

[1] *Études sur les voies de communication perfectionnées.* Note 28 et dernière.

morqueur des barques chargées de 600 tonnes de marchandises, donne lieu par kilomètre à une dépense de. . . . .   13fr.84c.
Sur le Rhône, pour un bateau à vapeur
portant lui-même 130 tonnes de marchan-
dises, c'est de.   5   85
Sur le Rhin, entre Rotterdam et Cologne,
c'est avec 500 tonnes, de.   8   90

Il faudrait avoir égard à ce que les fleuves sont
plus sinueux que les chemins de fer : il y aurait
lieu ainsi à augmenter cette somme dans une proportion qui serait variable, mais qui ne serait pas
de moins du dixième.

Au sujet de la navigation à vapeur sur les
fleuves des États-Unis, M. Stucklé indique comme
il suit le montant des frais par kilomètre parcouru
par bateau[1].

Sur les rivières de l'Atlantique, pour des ba-
teaux de 600 à 800 tonnes[2]. . . . .   6 fr. »
Sur les lacs.   4   »
Sur l'Ohio et le Mississipi.   3   »

C'est bien peu, mais aussi les frais d'exploitation sont moins élevés sur les chemins américains que sur ceux de l'Europe, parce qu'il n'y a
pas de police de la voie, que le combustible y est
à bas prix, et que tout y est fort simple.

Rappelons que, selon le même observateur[3],

---

[1] *Voies de communication aux États-Unis*, page 34.

[2] Cette somme est bien faible en comparaison des
prix demandés par ces mêmes bateaux pour le transport.

[3] Page 121.

les frais des chemins de fer sont, en
moyenne, de. . . . . 2 fr. 23 c.
Et sur le chemin de Philadelphie à Mount-
Carbon, de. 1   25

En un mot, le chemin de fer est le plus éclatant triomphe que l'industrie humaine ait encore
remporté sur l'espace, et par l'espace sur le temps.

Je n'ai pas parlé de la facilité qu'il donne pour
l'établissement de la télégraphie électrique, qui
est une institution bien précieuse. Je ne peux
pourtant faire moins que de le mentionner.

§ VIII. DE LA SITUATION DE LA FRANCE EN MATIÈRE DE CHEMINS DE FER.

*Pourquoi nous n'en avons pas davantage ; com-
ment les assemblées se sont trompées, et
l'opinion publique s'est abusée.*

Après ces généralités sur les chemins de fer,
donnons un aperçu du réseau des chemins de fer
français : il se compose de 5,857 kilomètres,
savoir :

	kilomètres.
Lignes ou tronçons achevés.	3,568
Lignes ou tronçons en construction. . . .	1,414
Lignes ou tronçons votés, mais non com-mencés.	875
Total.	5,857

En voici le détail :

Lignes ou tronçons achevés.

Le Nord avec ses embranchements.	710
Paris à Rouen, au Hâvre et à Dieppe. . .	290
Paris à Rennes, jusqu'à Chartres.	88
Paris à Orléans et Corbeil.	136
Orléans à Poitiers, ligne de Bordeaux. . .	216
Tours à Nantes.	199
Chemin du Centre jusqu'à Châteauroux et Nevers.	244
Paris à Chalon.	383
Paris à Strasbourg. , ...	430
Avignon à Marseille.	125
Beaucaire à Cette, par Nimes et Montpellier.	107
Montereau à Troyes.	100
Andrezieux à Roanne.	68
Saint-Etienne à Andrezieux, et Saint-Étienne à Lyon.	80
Strasbourg à Bâle.	142
Chemin de la Grand'Combe à Nimes, et petits chemins de Saint-Germain, de Versailles, de Sceaux, d'Épinac, de la Teste, de Mulhouse à Thann, de Montbrison à Montrond, du Creusot au canal du Centre, de Saint-Waast à Denain, d'Abscond à Denain, de Villers-Cotterets, environ. . .	250
Total.	3,568

Lignes ou tronçons en construction.

De Chartres à Rennes.	300
De Poitiers à Bordeaux.	245
De Châteauroux à Limoges, et de Nevers à Clermont, ligne du Centre.	286
De Chalon à Avignon.	365
Tronçons de la ligne de Strasbourg.	218
Total.	1,414

Lignes ou tronçons votés, mais non commencés.

De Bordeaux à la frontière d'Espagne. . . .	180
De Dijon à Mulhouse.	215
De Bordeaux à Cette.	480
Total.	875

Il n'y aurait eu qu'à le vouloir d'une volonté médiocre, en 1834, une fois bien constaté le mérite du chemin de fer, pour qu'actuellement le réseau de nos grandes lignes fût terminé, et fît circuler dans les veines de la France une sève inaccoutumée, pour qu'il nous confirmât ce grand avantage que nous avions d'être la nation la plus une, la plus compacte, la plus solidaire, capable du plus grand effort combiné en un moment donné. Cette volonté, nous ne l'avons pas eue. Nous nous sommes laissé distraire par toutes sortes d'aventures, détourner par des travers d'esprit ou par de petites passions.

En premier lieu, nous avons plus, que tous les autres peuples de l'Europe, joué au soldat ; nous avons dépensé en armements au-delà de ce qui était raisonnable et excusable ; nous nous sommes fortifiés à Paris et sur la frontière contre l'étranger qui ne nous menaçait pas, qui avait plutôt peur de nos coups de tête que désir de nous chercher querelle. Cette préoccupation excessive de la défense militaire, quoiqu'elle ait absorbé des trésors dont nous avions un meilleur emploi, n'a pas été la cause la plus active du retard des chemins de fer. Les hommes et les empires se perdent moins par l'erreur de leur jugement que par leurs passions. Or deux passions au moins s'étaient liguées contre l'exécution des chemins de fer : la première a été cet esprit d'indiscipline qui nous souffle la défiance contre l'autorité, même lorsqu'elle est tutélaire et modérée; l'autre a été l'envie. Le gouvernement voulait faire les chemins de fer lui-même; ce système offrait certainement des inconvénients à côté des avantages qu'on lui attribuait, mais enfin c'était une solution qui nous eût donné les chemins de fer. A cette proposition, grande explosion; les rivalités politiques s'en mêlèrent. La science elle-même, sophistiquée par la passion, vint donner son appui à l'esprit d'opposition systématique. Un savant illustre eut la faiblesse de prêter l'autorité de son nom à ce complot ourdi contre les chemins de fer. L'exécution par l'État fut repoussée à une majorité immense. Cela se passait en 1838.

De bonne composition qu'il était, le gouvernement se retourna vers l'industrie privée. Prenez, lui dit-il, ces voies merveilleuses, je vous en offre la concession. A ces mots, nouvel orage. Quoi! les banquiers, les capitalistes, vont s'enrichir de ces entreprises ! Quoi! de simples citoyens, des spéculateurs, disposeront de ce puissant levier! ils tiendront les clefs de la prospérité publique! ils prélèveront un péage sur la circulation des hommes et des marchandises! C'est la féodalité qui renaît de ses cendres. — Les projets de concession à des compagnies furent donc écartés ou mutilés, ou hérissés de clauses qui en rendaient l'acceptation impossible à des actionnaires sérieux.

Nous allâmes ainsi jusqu'en 1844; alors la honte

d'être à la queue de l'Europe nous saisit à la gorge.
Plusieurs chemins de fer furent concédés en
1844, 1845 et 1846; les uns le furent aux conditions de la loi du 11 juin 1842, qui mettait les
terrassements et les ouvrages d'art, y compris les
bâtiments des stations, à la charge de l'État, ne
laissant aux compagnies qu'à fournir la voie proprement dite et le matériel d'exploitation. Tels
furent le chemin de fer d'Orléans à Bordeaux,
celui de Paris à Strasbourg, celui du Centre. Les
autres purent être entièrement mis à la charge
des compagnies; tels furent ceux du Nord, de
Paris à Lyon, de Lyon à Avignon, de Tours
à Nantes [1], d'Amiens à Boulogne. Nous com-
mencions à rattraper le temps perdu, quand la
révolution survint, nous laissa sans argent, avec
nos projets renversés, nos espérances perdues.
Nous n'aurons peut-être pas de trente ans ce qui
eût été achevé en 1848, si en 1838 nous avions
eu de la sagesse.

Je n'ai pourtant pas énuméré encore toutes nos
causes de retardement. Cette insatiable vanité, qui
occupe tant de place dans le caractère national,
s'est montrée, là aussi, impérieuse, et le législateur
a cédé ainsi que l'administration. Cet amour de
la fausse grandeur, de la fausse distinction, jadis
nous avait fait ouvrir des routes de cent pieds de
large qu'il fallut bien laisser impraticables. Quand
donc il fut enfin décidé qu'on ferait des chemins
de fer, on ne se posa pas la question de savoir
combien d'argent la France y pourrait mettre, bon
an mal an. On se dit fièrement que le peuple français devait avoir des chemins de fer dans tous les

sens et que par leur style les chemins de fer français devaient ne le céder à ceux d'aucune autre nation. La conséquence fut que l'on commença à la fois un grand nombre de lignes, et qu'on décréta législativement et administrativement un mode d'exécution tout à fait disproportionné à la somme des capitaux disponibles, ce qui rendait abusive et impossible l'étendue des chemins de fer qu'on avait votés. Voilà pourquoi avec une forte dépense nous n'avons que des tronçons sans rapport avec la grandeur du territoire. Nous ne possédons guère les chemins de fer qu'en rêve, parce que c'est à enfanter des rêves que se réduit la puissance de la vanité.

La prétention d'égaler ici les Anglais était bien mal fondée, en supposant même que les Anglais eussent eu raison d'exécuter leurs chemins de fer selon le style qu'ils ont adopté. Nous avons, en effet, un territoire beaucoup plus vaste à desservir, et nous avons beaucoup moins qu'eux de capital disponible. Si nous nous étions proposé le modèle des Américains, nous aurions pu avoir, pour la même somme, une double longueur de chemins de fer. Le réseau qu'il est raisonnablement permis d'ambitionner serait fini depuis

---

[1] A proprement parler, le chemin de Paris à Strasbourg n'appartient pas absolument à la première catégorie, puisque la compagnie exécute entièrement à ses frais l'embranchement de Nancy à Metz et à Sarrebruck. Le chemin de Tours à Nantes n'appartient pas non plus absolument à la seconde, puisque le gouvernement a contribué pour une somme montant à la valeur des terrains.

longtemps, et les profits qu'il donnerait, l'économie qu'il produirait déjà à la nation fourniraient le moyen de passer un jour d'un mode simple de construction à un style plus parfait.

Puisse; au moins, le passé nous servir de leçon pour l'avenir !

Michel Chevalier.

BIBLIOGRAPHIE.

Annuaire officiel des chemins de fer, sous la direction de M. Petit de Coupray. Paris, Chaix et comp., 1851, 1 vol. grand in-18.

Les travaux publics en Belgique et les chemins de fer en France. Rapport adressé à M. le ministre des travaux publics par M. Edm. Teisserenc. Paris, Mathias, 1839, 1 vol. in-8.

Du meilleur système à adopter pour l'exécution des travaux publics, et notamment des grandes lignes de chemins de fer, par Bartholony. Paris, 1839, 2 vol. in-8.

A treatise on railroads. — (*Traité des chemins de fer*), par Nic. Wood. Londres, 3e édit., 1839, 1 vol. in-8.

Des intérêts matériels en France, routes, canaux, chemins de fer, par M. Michel Chevalier. Paris, Ch. Gosselin, 1839, 4e édit., 1 vol. in-18.

Dans le 2e vol. du *Cours d'économie politique*, de M. Michel Chevalier, on trouve également plusieurs chapitres sur les chemins de fer.

Chemins de fer du Royaume-Uni, par Wishaw (en anglais). Londres, 1840, 1 vol. in-8.

Traité théorique et pratique des machines locomotives, etc., par M. Guionneau de Pambour. Paris, Bachelier, 2e édit., 1840, in-8.

A description of the canals and railroads of the United States. — (*Description des canaux et des che-*

mins de fer aux États-Unis), par H. S. Tanner. New-York, 1840, 1 vol. in-8.

Description et histoire des voies de communication aux États-Unis, etc., par M. Michel Chevalier. Paris, Ch. Gosselin, 1840-43, 2 vol. in-4, avec atlas.

Traité de la législation et de la jurisprudence des chemins de fer, par Nogent-Saint-Laurent. Paris, 1841, 1 vol. in-8 et supplément.

Lettres sur la politique des chemins de fer et sur les applications qu'elle a reçues, etc., par M. Edmond Teisserenc. Paris, Mathias, 1842, 1 vol. in-8.

De l'exploitation des chemins de fer en général, par M. Delavelaye. Paris, Mathias, 1843, in-8.

Railway reform, its expediency and practicability considered. — (*La réforme du système économique et de la législation des chemins de fer considérée sous le rapport de son opportunité*, etc.). Londres, 1843, in-8.

Die Eisenbahnen in Europa und Amerika, etc.). — (*Les chemins de fer en Europe et en Amérique, exposé historique et statistique de leur création, de leurs rapports aux divers gouvernements*, etc.), par M. le baron de Reden. Berlin, 1843, in-8.

Concurrence des chemins de fer et des voies navigables, par M. P.-J. Proudhon. Paris, Guillaumin, 1847, br. in-8.

Des chemins de fer et de l'application de la loi du 11 juin 1842, par M. Daru. Paris, Mathias, 1843, in-8.

M. Daru est l'auteur de plusieurs rapports à la chambre des pairs sur des questions de chemins de fer.

Mémoires sur l'importance du parcours partiel sur les chemins de fer, par M. Minard. Paris, imprimerie de Fain et Thunot, 1843, 2 broch. in-8.

Observations sur les Mémoires relatifs à l'importance du parcours partiel sur les chemins de fer, par M. Courtois, ingénieur en chef. Paris, impr. de Schneider et Langrand, 1843, in-8.

Examen critique du mode de concession des chemins de fer consacré par la loi du 11 juin 1842; réforme nécessaire, par M. Edmond Teisserenc. Paris, Mathias, 1844, in-8.

Encyclopédie des chemins de fer et des machines à vapeur, etc., par Félix Tourneux. Paris, J. Renouard et comp., 1844, 1 vol. in-12.

Calcul de la force des machines à vapeur pour la navigation et l'industrie, etc., par M. Guionneau de Pambour. Paris, Bachelier, 1845, in-8.

Chemins de fer de l'Allemagne. Description, statistique, système d'exécution, tracé, voie de fer, stations, etc., par M. Lechatelier. Paris, Mathias, 1845, 1 vol. in-8.

Mémoire sur l'exploitation des chemins de fer anglais, par M. Auguste Chevalier. Paris, 1847, Carilian-Gœury et Dalmont, in-8.

Voies de communication aux États-Unis, par M. H. Stucklé, ancien directeur du chemin de fer d'Alsace. Paris, 1847, Carilian-Gœury et Dalmont, in-8.

Législation et administration des chemins de fer en Allemagne, par le baron de Reden. Traduit de l'allemand avec une introduction et des notes, par M. Prósper Tourneux, Paris, Mathias, 1 vol. in-8, 1845.

Statistique des voies de communication en France, etc., par M. Ed. Teisserenc. Paris, Mathias, 1845, in-8.

Du concours des canaux et des chemins de fer, et de l'achèvement du canal de la Marne sur Rhin, par Ch. Collignon. 2e éd. Paris, Carilian-Gœury, 1 vol. in-8, 1845.

Les chemins de fer en France et des différents principes appliqués à leur tracé, à leur construction et à leur exploitation, par Lobé. Paris, Parent-Desbarres, Guillaumin, 1845, in-12.

Le livre des chemins de fer construits, en construction ou projetés, ou statistique générale de ces voies de communication en France et en Angleterre, par A. Legoyt. Paris, J. Ledoyen, 1845, in-12.

Considérations génér..es sur les chemins de fer, suivies de leur application à la ligne de Paris sur le centre de la France, et à son prolongement vers le centre de la Péninsule, par Colomès de Jullian. Paris, Carilian-Gœury, 1845, in-4.

Loi sur la police des chemins de fer, etc., du 21 juillet 1846, suivie du rapport au roi, etc., etc. Paris, Mathias, 1846, in-8.

Histoire des chemins de fer belges, par M. Perrot.

Insérée dans le tome 11 du *Bulletin de la commission centrale de statistique de Belgique.* Bruxelles, Hayez, 1846, in-4.

Des voyages internationaux sur les chemins de fer entre la Belgique et la Prusse, par M. Minard, inspecteur divisionnaire des ponts et chaussées. Paris, impr. de Fain et Thunot, 1846.

Traité des dépenses d'exploitation aux chemins de fer, d'après les données officielles, etc., par Alph. Delpaire, ingénieur des ponts et chaussées. Paris, Mathias, 1847, 1 fort vol. in-8.

Études sur les voies de communication perfectionnées et sur les lois économiques de la production du transport, etc., par Edmond Teisserenc. Paris, Mathias, 1847, 1 vol. en deux parties, in-8.

Précis sur les chemins de fer, moyens financiers d'achever sans retard l'établissement du réseau, par Cronier. Paris, Mathias, 1847, 1 vol.

Traité théorique et pratique de la législation et de la jurisprudence des chemins de fer, suivi du règlement général sur la police des chemins de fer, du 15 novembre 1846, par MM. Rebel et Juge. Paris, Mathias, 1847, 1 vol. in-8.

Essai administratif sur l'exploitation pratique des chemins de fer français. Paris, Mathias, 1848, 1 vol. in-12.

Journal des chemins de fer.

Revue hebdomadaire fondée en 1842, et dont M. Ad. Blaise était rédacteur en chef en 1851.

Annales des chemins de fer, travaux publics et mines.

Revue hebdomadaire, fondée en 1849 par M. Arist. Dumont, qui en est le rédacteur en chef.

Railway Economy, or new art of transport. — (*L'économie des chemins de fer,* etc.), par le docteur D. Lardner. Londres, 1850, 1 gros volume petit in-8.

Chemins de fer d'Angleterre, etc., par M. Bineau. Paris, Carilian-Gœury et Dalmont, 1849, 1 vol. in-8.

FIN.

Imprimerie de G. GRATIOT, 11, rue de la Monnaie.